Camino de fe
Doctrinas y prácticas cristianas

"Yo soy el camino, y la verdad, y la vida;
nadie viene al Padre sino por Mí."
Jesús (Juan 14.6)

Francisco Liévano

Camino de fe
Doctrinas y prácticas cristianas

Francisco Liévano

Quinta edición, corregida y ampliada
© 2009 Francisco Liévano

Este libro tiene licencia CC BY-NC-ND 4.0
https://creativecommons.org/licenses/by-nc-nd/4.0/deed.es

libro de bolsillo ISBN: 978-1-63656-104-2
eBible.org Rnova2.com

A menos que se indique lo contrario, las referencias bíblicas utilizadas en este libro fueron tomadas de la Biblia Textual (Copyright ©1999, Sociedad Bíblica Iberoamericana, Inc.).

Francisco Liévano

Diseño de portada: Silvia Martín
Diagramación y montaje: Alegría de Liévano

Categoría: Doctrina

Un libro dirigido a un público específico debe contener tres elementos de vital importancia: profundidad, sencillez y amenidad.

Al ser ameno, se corre el peligro de ser chistoso. Esto no es conveniente.

Al ser sencillo, se puede caer en el simplismo, el cual desbarata el contenido de un libro.

Ser profundo es muy bueno, pero el autor pudiera no llegar al público deseado.

El libro *Camino de fe*, de Francisco Liévano, cumple los tres elementos indicados. Su estilo es profundo, sencillo y ameno, no sólo en este libro, sino en todos los que ha escrito. Esta triple característica se manifiesta también en todos los libros que ha traducido del inglés al español.

Se trata de un autor de amplia trayectoria.

Adonirán Díaz
Pastor Evangélico
Licenciado en Educación, mención Matemáticas y Física
Magíster en Administración de Empresas
Autor de obras importantes

En un contexto cristiano, donde hoy prolifera el error y las falsas doctrinas, se hace necesario emprender una cruzada de instrucción bíblica, sencilla y pertinente a nuestra realidad.

Por esa razón, recomiendo este libro, no sólo para nuevos creyentes, sino también para los que van avanzando, y necesitan revisar su posición, o enseñar la verdad a la luz de las Escrituras Bíblicas.

Aner González
Pastor evangélico
Licenciado en Teología
Adiestrador de líderes evangélicos
Fundador de iglesias
Misionero del Ministerio NOVO

Prefacio

Este libro contiene lo esencial que debe saber una persona que va a ser bautizada en la fe cristiana. No es necesario que cada capítulo se dé en una clase; es mejor que los capítulos se vean por completo, en varias clases, si es necesario.

La primera clase que dé el pastor o el maestro de estas lecciones, debe ser para orientar, explicar el sistema de abreviaturas de la Biblia, que se encuentra en su Tabla de los libros. El pastor es la persona más indicada para enseñar estas lecciones.

Deben seguirse los siguientes principios:

1. Cada estudiante debe aprender de memoria el versículo indicado en cada capítulo.
2. Deben leerse en clase todos los textos bíblicos de comprobación.
3. El estudiante debe poder contestar el cuestionario de cada capítulo.
4. En los capítulos relacionados con el bautismo cristiano, la Cena del Señor y los miembros de la iglesia, el maestro debe explicar ampliamente las costumbres, reglamentos y prácticas de su propia iglesia.

Quiera Dios que, mediante este libro de doctrina sencilla, muchísimos creyentes cultiven un ferviente anhelo de estudiar la Palabra de Dios, y de poner en práctica un estilo de vida basado en ella.

Francisco Liévano

Contenido

Capítulo 1: Tú
La condición del ser humano ante Dios 1

Capítulo 2: El pecado
Separación entre el hombre y Dios 11

Capítulo 3: La salvación
Don de Dios que no merecemos 24

Capítulo 4: Dios
El Creador del plan eterno de la salvación 31

Capítulo 5: Cristo
El Salvador de los pecadores 39

Capítulo 6: El Espíritu Santo
Fiel Ejecutor del plan de la salvación 51

Capítulo 7: La santísima Trinidad
Tres eternas distinciones en la Sustancia Divina 59

Capítulo 8: La Biblia
Palabra de Dios 73

Capítulo 9: La vida cristiana
Medios de crecimiento espiritual 85

Capítulo 10: Las dos naturalezas
Viejo hombre y Nuevo hombre 95

Capítulo 11: Conducta cristiana
Testimonio vivo del creyente en Cristo 101

Capítulo 12: La iglesia
Sociedad de redimidos 109

Capítulo 13: Las ordenanzas del Señor
El Bautismo Cristiano y la Cena del Señor............ 121

Capítulo 14: Evangelismo
Carácter esencial de la Iglesia Cristiana 133

Capítulo 15: Hacia la eternidad
"Las cosas que deben suceder pronto". 147

1

Tú

La condición del ser humano ante Dios

*Yo soy la puerta;
el que por mí entra será salvo*
(Juan 10.9).

Las divisiones son espantosas: en la familia, en los partidos políticos, en las sociedades humanas en general. Las familias se arruinan, los partidos se derrumban, las sociedades dejan de ser grupos de individuos que concuerdan en ciertos ideales y en algunas costumbres, para convertirse en bandos antagónicos.

Hay una división que causa aún más escalofrío: la que ejecuta nuestro Señor Jesucristo al declararse como Puerta.

Como Puerta, Cristo ocasiona una división triforme:

1. Divide la historia de la humanidad en dos eras inconfundibles.
2. Parte la humanidad en dos grupos definidos.
3. Secciona la eternidad en dos destinos.

I. División de la historia

Cristo es la Puerta que divide la historia de la humanidad en dos eras inconfundibles: la era de la rebelión y la era de la reconciliación.

A. La era de la rebelión

Esta etapa de la historia comenzó cuando se cumplió lo escrito por Moisés en Génesis, capítulo 3, versículo 24:

Así pues, expulsó al hombre, y situó querubines al oriente del huerto de Edén, con la espada flameante que oscila para guardar el camino del árbol de la vida.

Esa fue la ejecución del decreto de Dios. Él había dicho:

... del árbol del conocimiento del bien y del mal, no comerás de él, porque el día que comas de él, ciertamente morirás (Génesis 2.17).

El hombre acababa de desobedecer ese mandato. Morir significa estar separado. Por eso fue echado el hombre, y quedó separado de la presencia divina, sin puerta para entrar de nuevo al huerto del árbol de la vida.

Durante toda esta era de rebeldía, el pecador se ha caracterizado por el deseo de hacer algo bueno para salvarse. Cuando Cristo se encontraba realizando su ministerio terrenal, cierto día se le acercó un joven, y le dijo:

Maestro, ¿qué cosa buena haría yo para tener la vida eterna? (Mateo 19.16)

Hasta nuestro día, mucha gente sigue pensando que debe hacer algo bueno para tener vida eterna.

Su fórmula de cortesía no era otra cosa que una manifestación de su rebeldía. Por eso nos dice el evangelista en el versículo 17:

Entonces Él le dijo: ¿Por qué me preguntas acerca de lo bueno? Uno solo es el bueno; pero si quieres entrar en la vida, guarda los mandamientos (Mateo 19.17).

Esto dejó a nuestro joven totalmente desorientado, pues pensaba que había guardado todos los mandamientos desde muy joven y todavía no creía tener la vida eterna.

Es imposible que alguna persona tenga vida eterna mientras esté en rebeldía contra Dios.

Dios dice, por medio del apóstol Pablo, a los romanos:

No hay justo, ni aun uno (Romanos 3.10).

La era de la rebeldía es la del pecado. Cronológicamente ha debido terminar en el Calvario, y efectivamente allí terminó para muchos; sin embargo hay muchos a los cuales no les ha alumbrado la luz de una era totalmente diferente.

La rebeldía sitúa al pecador fuera de la Puerta.

B. La era de la reconciliación

Es esta la etapa de la historia humana que hace cambiar la condición de rebeldía del pecador. Cristo vino al mundo, y ofreció tomar el puesto de los querubines y de la espada encendida que impedían el camino a la vida.

Él no tomó el puesto para impedir la entrada, sino para proporcionarla. En virtud de esa obra, Él declara:

Yo soy el Camino, y la Verdad, y la Vida; nadie viene al Padre, sino por Mí (Juan 14.6).

La palabra *entrar*, del versículo que hemos aprendido de memoria, significa en griego *venir adentro*. Allá adentro está el Padre. El hecho de haber tomado Jesucristo el lugar que impedía la entrada, y el de que permita el acceso al Padre, lo constituyen efectivamente como Puerta.

Lo explicado en el párrafo anterior no es otra cosa que un don divino. El apóstol Pablo se refiere a ese hecho con las siguientes palabras:

> Pero el don no es como la transgresión. Porque si por la transgresión de uno murieron los muchos, mucho más abundó la gracia de Dios para los muchos, y el don por la gracia de un hombre: Jesucristo (Romanos 5.15).

La era de la reconciliación comenzó cronológicamente cuando Cristo vino al mundo para constituirse en Puerta de entrada a la vida.

En la práctica, esta etapa comienza, para cualquier pecador, en el momento cuando decide entrar por la Puerta, esto es, aceptar a Cristo como camino verdadero de vida, y como Puerta de entrada a la vida, aceptarlo como Salvador personal.

II. División de la humanidad

Cristo es la Puerta que parte a la humanidad en dos grupos definidos: los que están adentro y los que están afuera. ¡Soberana división!

El apóstol Juan expresa esta división con palabras gráficas:

> Sabemos que procedemos de Dios —los de adentro—, y el mundo entero yace en el maligno —los de afuera— (1ª de Juan 5.19).

A. Los de adentro

Estos eran parte de los que estaban afuera. No podían entrar por causa de la espada que se revolvía a todos lados. Estaban perdidos, sin esperanza. La historia del evento incomparable mediante el cual pasaron a estar adentro, nos la narra Pablo, en Efesios, capítulo 2, versículos 1-10. (Lee detenidamente esta porción.)

En síntesis nos dice que nosotros vivíamos en otro tiempo en los deseos de nuestra carne, que éramos *"hijos de ira"*.

Pero Dios, que es rico en misericordia, por su gran amor con que nos amó, aun estando nosotros muertos en pecados, nos dio vida juntamente con Cristo (Efesios 2.4).

También nos dice que Dios nos resucitó, que nos ascendió, que nos hizo sentar con Cristo Jesús, y que tiene propósitos maravillosos con nosotros para el tiempo futuro.

Sencillamente: los que están adentro son los que, estando antes afuera, oyeron una voz de la Puerta que decía:

Venid a Mí todos los que estáis trabajados y agobiados, y Yo os haré descansar (Mateo 11.28).

Decidieron entrar por la Puerta, y ahora son hijos de Dios.

B. Los de afuera

Estos son los que, habiendo tenido la misma oportunidad de entrar por la Puerta, han preferido quedarse afuera. Uno de los cuadros más patéticos de los que están afuera nos lo dejó el apóstol Pablo en Romanos 1.25-32. (Te conviene leer atentamente este pasaje.)

El apóstol nos dice que ellos también conocieron a Dios, pero no lo glorificaron como a Dios ni le dan gracias, que su corazón se ha entenebrecido; que cambiaron la gloria del Dios incorruptible en semejanza de hombres y de animales. Por ello Dios los entregó a la inmundicia de sus pensamientos. Por ello están afuera. Por ello están perdidos.

La única esperanza que les queda, mientras estén en esta vida, es la de entrar por la Puerta. Tienen que arrepentirse y recibir la oferta de vida. Después de la muerte, no hay otra oportunidad.

III. División de la eternidad

Cristo es la Puerta que secciona la eternidad en dos destinos: vida eterna e ira eterna. Una de las porciones bíblicas que establecen esta verdad es una declaración personal de Cristo:

> *El que cree en el Hijo tiene vida eterna; pero el que desobedece al Hijo, no verá la vida, sino que la ira de Dios permanece sobre él* (Juan 3.36).

Como quien dice, esta es una consecuencia natural de los hechos anteriores. La historia está bifurcada en rebelión y reconciliación, precisamente, porque Cristo como Puerta ha hecho posible el camino de entendimiento con Dios. Tiene que haber vida eterna para los que han aceptado el mensaje divino.

Los que no lo han querido recibir, es decir, los que están afuera, han escogido su propio destino. Dios, por ser justo, no puede obligarlos a aceptar la vida eterna, cuya Puerta es Cristo. Y no hay sino un destino, además de la vida eterna. Este segundo destino es la ira eterna.

Ahora bien, se hace indispensable que tú evalúes tu posición. O estás adentro o estás afuera. Si estás adentro eres salvo. Cristo dijo: *"el que por Mí entra, será salvo"*.

Ser salvo significa esencialmente tres cosas:

- Ser libre de pecado (Romanos 6.22).
- Ser libre de la eterna condenación (Juan 3.36).
- Tener vida eterna (Juan 5.24).

Si estás afuera, estás condenado. Dice Jesús:

Quien cree en Él —en el Hijo de Dios— no es juzgado; el que no cree, ya ha sido juzgado, porque no ha creído en el nombre del Unigénito Hijo de Dios (Juan 3.18).

Aquí hay que entender muy bien la gramática: el que entra por la Puerta es salvo. Esto es algo permanente.

"El que no cree, ya ha sido juzgado", es decir, está condenado. Esta es una condición temporal. El pecador, mientras esté en vida, puede decidir entrar por la Puerta, y no estar más condenado; sino ser salvo para siempre.

Al terminar este capítulo

Si estás fuera de la Puerta, acude a Cristo ahora mismo. Si estás adentro, ¡bienvenido a esta serie de estudios que tiene por objeto prepararte para glorificar a Dios! (1ª a los Corintios 6.20)

Reflexiona

1. ¿Cuál es la triforme división que ocasiona Cristo como Puerta?

2. ¿Se puede hacer alguna cosa buena para tener la vida eterna?

   Sí ☐ No ☐ Explica.

3. ¿Quién tomó el lugar de los querubines y de la espada encendida?

4. ¿Cómo se divide la humanidad en relación con la Puerta?

5. ¿Cuál es la única esperanza del perdido mientras esté en vida?

6. ¿Para quiénes es la invitación de la Puerta?

7. ¿Qué significa ser salvo?

   _____

   _____

   _____

8. ¿Estás tú dentro de la Puerta?

   Sí ☐ No ☐ Explica.

   _____

   _____

   _____

9. Recita Juan 10.9.

   _____

   _____

2

El pecado

Separación entre el hombre y Dios

*Son vuestras transgresiones las que
se interponen entre vosotros y vuestro Dios;
Son vuestros pecados los que os ocultan
su rostro, e impiden que os oiga*
(Isaías 59.2).

Ante una puerta y una invitación a pasar adelante, puedes decidir qué hacer. O entras o te quedas afuera.

La misma puerta que sirve de entrada hace las funciones de separar a los que están adentro de los que están afuera.

Los que no entran por la Puerta de salvación, sino que se quedan afuera, o tratan de alcanzar la salvación subiendo por otra parte, están separados de Dios por la misma Puerta.

¿Por qué a unos les sirve de salvación y a otros de separación? Por causa de la decisión que toma cada uno.

El versículo que hemos aprendido de memoria para este capítulo nos dice la verdadera razón por la cual muchos se quedan afuera: *el pecado*.

Dediquémonos, pues, a estudiar este problema. Lo referente al origen del pecado lo encontramos muy claro en el capítulo tres del primer libro de la Biblia: Génesis.

I. El origen del pecado (Génesis 3.1-6)

A. Origen anterior al ser humano (Génesis 3.1)

Realmente el pecado no tuvo origen en el hombre. Aquí comenzamos leyendo:

> Pero la serpiente era astuta, más que todos los animales del campo que YHVH 'Elohim había hecho.

(Nota: Las cuatro letras YHVH representan el nombre propio de Dios. Este tetragrama se pronuncia Yavé. 'Elohim es una palabra hebrea que traduce Dios, pero en plural, lo cual es una indicación de pluralidad en la naturaleza de Dios.)

Esto nos revela que el pecado existió antes de ser el hombre pecador. El primer pecador fue Lucero, el ángel de luz que se rebeló contra Dios y desde entonces es diablo. (Lee el pasaje de Isaías 14.12-17, y pídele a tu maestro o al pastor una explicación al respecto.)

B. Iniciación del pecado en la humanidad

Si Satanás se hubiera quedado conforme con su propio pecado, y la maldad no hubiera trascendido a otros seres, no tendríamos necesidad de estudiar este capítulo, ni de realizar este curso de discipulado inicial, ni de salvación. Lo cierto es que la serpiente antigua que se llama diablo y Satanás, intervino en la dicha original de nuestros primeros padres, y ellos cedieron a la tentación y pecaron. Para la iniciación del pecado en la humanidad intervinieron el diablo y las diferentes especies de seres vivos de la creación de Dios.

1. Intervención de Satanás

El trabajo del maligno fue, y ha sido siempre biforme. Consiste en poner en tela de juicio la verdad divina, y en combinar la mentira con la verdad para poder engañar. Puso en tela de juicio la palabra de Dios al decir:

¿Conque Dios ha dicho: No comáis de todo árbol del huerto? (Génesis 3.1)

Posteriormente repuso la serpiente a la mujer:

...No moriréis, sino que sabe 'Elohim que el día que comáis de él, serán abiertos vuestros ojos, y seréis como 'Elohim, sabiendo el bien y el mal (Génesis 3.4, 5).

Esta era la más perfecta combinación de mentira y verdad. Dios había dicho respecto del árbol:

...el día que comas de él, ciertamente morirás (Génesis 2.17).

Esto lo contradice el maligno, para luego afirmar que serían semejantes a Dios, lo cual era una mentira, y que serían conocedores del bien y del mal, lo cual era verdad.

Esta es una señal que todavía vale en el día de hoy. Cuando algún individuo, alguna organización, alguna religión, mezcla la verdad de Dios con la mentira del diablo, la mentira que ha legado a sus seguidores, podemos estar seguros de que están permitiendo que los use Satanás.

2. Intervención de la mujer

El diablo halló a Eva en condiciones precisas para entrar en la práctica del pecado. La mujer, al contestarle al tentador, no se conforma con la palabra de Dios, sino que le añade arbitrariamente, y así la falsea.

Dios había dicho:

De todo árbol del huerto come libremente, pero del árbol del conocimiento del bien y del mal, no comerás de él, porque el día que comas de él, ciertamente morirás (Génesis 2.16, 17).

La mujer exageró la palabra divina. Ella dijo:

... ha dicho 'Elohim: No comáis de él ni lo toquéis, para que no muráis (Génesis 3.3).

El segundo paso de la mujer fue el pecado: *"Y tomó de su fruto, y comió"* (v. 6). Pero nadie peca sin arrastrar en su maldad a otros. Eso le sucedió a Eva: *". . . dio también a su marido, que estaba con ella, y él comió."*

Esta triforme participación de la mujer, la de falsear la palabra de Dios, la de desobedecerla y la de fomentar el pecado en su consorte, es típica de todo aquel que voluntariamente prefiere la práctica del pecado.

3. Intervención del hombre

Nos enseña la Biblia que *"Adán no fue engañado"* (1ª a Timoteo 2.14). En efecto, con él había hablado Dios personalmente, y le había dicho:

De todo árbol del huerto come libremente; pero del árbol del conocimiento del bien y del mal no comerás de él, porque el día que comas de él, ciertamente morirás (Génesis 2.16, 17).

Él le había pasado la voz a la mujer. Ella, por causa de su vanidad de querer ser igual a Dios, fue engañada; pero Adán sabía todo perfectamente bien. Él cometió pecado deliberadamente.

4. Intervención del reino animal

Los animales no decidieron participar en el acto del pecado, pero Satanás decidió aprovecharse de la belleza de alguno de ellos. Utilizó a la serpiente, animal bello, si no fuera por la repugnancia que nos causa el saber que es venenoso. Sabemos que la mayoría no son venenosas, pero, por la misma razón les tenemos a todas igual repugnancia.

El diablo empleó la serpiente para manifestarse a la mujer.

5. Intervención del reino vegetal

Tampoco podía haber decisión por parte de las plantas. Sin embargo, la causa inmediata del pecado fue el fruto del árbol prohibido que atrajo la codicia de la mujer, y se convirtió en instrumento de desobediencia.

Así el pecado estaba afectando toda la creación de Dios, y las consecuencias no se dejarán esperar.

II. Descubrimiento del pecado (Génesis 3.7-13)

Entonces se les abrieron los ojos a ambos y se dieron cuenta que estaban desnudos (v. 7).

Cuando Dios hizo al hombre y a su mujer los cubrió de un manto de santidad, de tal manera que *"...el hombre y su mujer estaban ambos desnudos, y no se avergonzaban"* (Génesis 2.25).

Tan pronto como desobedecieron el mandamiento divino, Dios obró en ellos de modo que el sexo se convirtiera en principal testimonio del pecado, y el sentido de la visión en el descubridor de esa condición pecaminosa.

Así que el descubrimiento mutuo de la desnudez por parte de nuestros primeros padres no fue motivo para la atracción sexual, sino causa de amargura, tristeza y temor por cuanto delataba su condición de desobedientes a Dios.

III. El encubrimiento del pecado (Génesis 3.8-13)

Un número de pasos nulos se producen a continuación. Todos en conjunto constituyen un gran fracaso. El hombre estaba perdido.

Veamos el encubrimiento.

A. Se cubrieron.

El descubrimiento de la desnudez movió a los primeros seres humanos a cubrirla, no tanto porque les causaba vergüenza el verse desnudos el uno al otro; sino porque no creían conveniente que Dios los viera en esa condición. Entonces *"cosieron follaje de higuera, y se hicieron ceñidores para sí mismos"* (Génesis 3.7).

Quisieron, pues, con la iniciación de la industria del vestido, engañar a Dios. Confiaron en las obras de sus manos.

Todavía en nuestro día la gente trata de engañar a Dios mediante este subterfugio. Vestimentas de luto, hábitos, vestuario elegante, obras buenas. Pero detrás de todo ello está el testimonio mismo del pecado.

B. Se escondieron.

La presencia de Jehová Dios les era tan patente que oyeron su voz y sus pasos en el aire del día (Génesis 3.8). Por ello optaron por esconderse del Señor entre los árboles espesos del huerto. Otro recurso que no les vale para nada.

Hoy, cuando la gente no se siente segura con sus propias artimañas para ocultar el pecado, también recurre a los árboles espesos de la religión, de la fingida moralidad, de las buenas obras; los cuales, por supuesto, apenas le prestan su ramaje, pero no la pueden ocultar de la mirada airada del Soberano.

"¿Dónde estás?" (Génesis 3.9) Esa fue la pregunta de Dios.

C. Se excusaron.

La respuesta que trataba de justificar lo hecho, de ocultar el delito, no hizo sino acabar de delatar completamente al hombre: *"Escuché tu voz en el huerto y tuve miedo"* (Génesis 3.10). Con esto se estaba delatando, pues nunca había tenido miedo en la comunión con su Creador.

Luego acaba de complicarse: *"Porque estoy desnudo, y me escondí."* Ahí estaba señalando su desobediencia, pues ¿por qué estaba desnudo?

Las preguntas de Dios son tajantes:

¿Quién te reveló que tú estás desnudo? ¿Acaso comiste del árbol del cual te ordené que no comieras? (Génesis 3.11)

D. Se acusaron.

El hombre no tuvo empacho para acusar a su mujer. De paso también le echó la culpa a Dios:

La mujer que pusiste conmigo, ella me dio del árbol, y comí (Génesis 3.12).

Es decir, si no me hubieras dado mujer, no hubiera pecado. Tú tienes la culpa.

Semejante acusación contra Dios se oye en nuestros días. Hay quienes fuman y se embriagan porque, según ellos, Dios hizo el tabaco para fumar y el proceso de fermentación para producir bebidas embriagantes y tomarlas. Entonces Dios tiene la culpa de que ellos sean viciosos.

Lo raro es que, habiendo hecho Dios la estricnina, no se tomen una dosis precisa por culpa de Dios.

La mujer también acusó a la serpiente (Génesis 3.13), y ésta por ser irracional no pudo acusar a nadie.

IV. Consecuencias del pecado (Génesis 3.14-21)

La consecuencia directa del pecado fue la maldición.

A. Maldición para la serpiente (Génesis 3.14)

Aquel maravilloso huerto se echó a perder desde entonces. El bello animal que adornaba la creación quedó condenado a andar sobre su pecho y a comer polvo todos los días de su vida.

Más adelante notaremos que no solamente la serpiente, sino toda la fauna sufrió desmejoramiento, a fin de que sirviera de castigo para el hombre que había pecado.

B. Maldición para la mujer (Génesis 3.16)

Esta maldición consiste en tres clases de dolor: dolor en la preñez, dolor en los partos y dolor por el enseñoramiento del marido. Son prácticamente las angustias de la vida de toda mujer. Son las consecuencias del pecado.

C. Maldición para el hombre (Génesis 3.17-19)

Ésta no fue para el hombre solo, sino para el ambiente en que vive igualmente. Una de las expresiones más horribles en el lenguaje humano es la siguiente: *"¡Maldita sea la tierra por causa tuya!"*

Ahí entró la fauna, la flora, la geografía y las fuerzas naturales de este planeta. La tierra le produciría al hombre, de ahí en adelante, espinas y cardos.

Lo peor de la maldición fue directamente para el hombre:

Con fatiga comerás de ella todos los días de tu vida;

y,

...Polvo eres, y al polvo volverás.

He aquí la definitiva sentencia de muerte física.

En los versículos 23 y 24 encontramos la sentencia de muerte legal, es decir, la separación de la presencia de Dios. Ahí quedó la espada encendida que se revolvía por todos lados.

V. La única esperanza

Dentro de este cuadro tan negro que hemos estudiado hay algunos rayos de esperanza.

A. Primera promesa de Redención (Génesis 3.15)

En medio de la maldición para la serpiente, Dios promete que la simiente de la mujer herirá en la cabeza a la serpiente. Es la promesa del golpe de gracia que Cristo le daría con su muerte en la cruz a Satanás.

B. Primera manifestación de fe (Génesis 3.20)

Adán resolvió ponerle un nombre a su esposa, que tuviera un significado de fe: *Eva: la que vive o da vida*. Con esto, el hombre comenzaba a demostrar confianza en la simiente de la mujer que, a la postre, traería al mundo a nuestro Señor Jesucristo.

C. Primer símbolo de la redención (Génesis 3.21)

Entonces YHVH 'Elohim hizo túnicas de pieles para Adán y su mujer, y los vistió.

Para obtener estas pieles tuvo que degollar algunos corderos. Esa sangre simbolizaba la de Jesucristo su Hijo que nos limpia de todo pecado. Desde ese día el hombre aprendió que "... *sin derramamiento de sangre no hay remisión*" (Hebreos 9.22).

Con las túnicas de la sastrería de Dios sí se sintieron cubiertos nuestros primeros padres. Nosotros también nos sentiremos completamente sin pecado, no por nuestros artificios, sino por la eterna obra salvadora de nuestro Dios.

Reflexiona

1. ¿Cuál problema hace división entre nosotros y nuestro Dios?
   _____
   _____
   _____
   _____

2. ¿En qué capítulo de la Biblia se nos habla del origen del pecado? _____
   _____

3. ¿Dónde comenzó realmente el pecado?
   _____
   _____
   _____
   _____
   _____

4. ¿En qué consistió el pecado de la primera mujer?
   _____
   _____
   _____
   _____
   _____

5. ¿Qué método usa Satanás para engañar?

   _____
   _____

6. ¿De qué manera trataron de encubrir el pecado Adán y Eva?

   _____
   _____
   _____

7. ¿Cuáles fueron las consecuencias del pecado?

   _____
   _____
   _____

8. ¿Cuál es una de las expresiones más horribles del lenguaje humano?

   _____
   _____
   _____

9. ¿Qué esperanza les dio Dios a los pecadores en medio de la maldición?

   _____
   _____
   _____

10. Recita de memoria Isaías 59.2.

3

La salvación

El don de Dios que no merecemos

*Porque de tal manera amó Dios al mundo,
que dio a su Hijo Unigénito,
para que todo aquel que en Él cree,
no se pierda, mas tenga vida eterna*
(Juan 3.16).

Este versículo que hemos aprendido de memoria es el predilecto del pueblo evangélico, de niños y grandes, en todo el mundo. Los estudiantes de la Biblia lo han llamado La Biblia en miniatura. En solo 29 breves y sencillas palabras nos dice lo más grande que se puede decir en este mundo.

Su contenido revela el plan de Dios para la salvación de los pecadores. Vamos a estudiar, pues, la grandeza de este versículo.

I. El amor mas grande: *"Porque de tal manera amó Dios al mundo"*

Ahí tenemos grandeza por el modo de amar, grandeza por el amante y grandeza por el objeto del amor.

A. Grandeza por el modo de amar: *"De tal manera"*

Quiere decir que no hay manera comparable: ni el amor de hijos, ni el de hermanos, ni el amor de esposos, ni el de madre.

Dios nos amó de tal manera que dio a su Hijo para salvarnos a nosotros, miserables pecadores. Difícilmente un padre da uno de sus hijos para que muera por algún amigo que perece.

Pero Dios demuestra su mismo amor hacia nosotros en que, siendo nosotros aún pecadores, Cristo murió por nosotros (Romanos 5.8).

B. Grandeza por el Amante: *"Amó Dios"*

El es el amante más grande.

Cuando hizo los árboles no hizo cien ni doscientos; los hizo incontables; cuando hizo las aguas no las hizo por litros; las hizo insondables; cuando hizo las estrellas no hizo las que vemos en una noche plateada; las hizo innumerables. Uno de sus principales atributos es la grandeza.

Cuando ama, no ama con condiciones egoístas y bajas; ama hasta dar a su único Hijo, único en su clase, para que se encarnara, se hiciera siervo semejante a los hombres y se humillara hasta la muerte de cruz. Al respecto es conveniente que leas Filipenses 2.6-8.

C. Grandeza por el objeto del amor: *"Amó Dios al mundo"*

En nuestra lengua, *amor es el sentimiento que inclina el ánimo hacia lo que le place.* De acuerdo con este concepto, entendemos por qué el esposo ama a la esposa y viceversa; por qué la madre ama a sus hijos y los hijos a sus padres.

De acuerdo con este concepto, nos parece bien que Dios ame al apóstol Juan, por haber sido tan piadoso; que ame al apóstol Pedro, por haber sido un gran predicador; que ame a la Virgen María, por haber sido casta, pura y consagrada a Dios, por lo cual sirvió de vaso para que Dios se encarnara.

Pero, según el mismo concepto, no podemos comprender por qué Dios amó a este mundo lleno de ladrones, homicidas, mentirosos, asesinos, fornicarios, prostitutas, homosexuales y enemigos de Dios.

Por eso es el amor más grande.

El amor humano se inclina hacia lo que le place. El amor de Dios se inclina hacia lo que nos repugna, hacia el miserable pecador que es enemigo de Dios.

II. El regalo mas grande: *"Dio a su Hijo unigénito"*

Dios miró hacia todas las riquezas: el oro, la plata, las piedras preciosas de la tierra, de los mares, del universo, y del cielo. Sabía que con nada de eso ni con todo ello podía salvar una sola alma.

Dios tornó su mirada hacia sus seres magníficos: los hombres, los ángeles, los querubines, los serafines. Ni uno solo ni todos ellos en conjunto podrían rescatar a una sola alma de la muerte eterna. La espada flameante quedó oscilando *"para guardar el camino del árbol de la vida."*

Dios se miró a sí mismo, a su único Hijo, y en Él vio la capacidad absoluta de salvar, no solamente a un alma de la ruina, sino que esa capacidad alcanzaba *"para que todo aquel que en Él cree no se pierda, mas tenga vida eterna"*.

Pero para hacer esto tendría que humanarse, tendría que sufrir, tendría que morir, para llevar nuestros pecados en su cuerpo.

Y, ¡qué maravilla! Dios *"... no escatimó ni a su propio Hijo, sino que lo entregó por todos nosotros"* (Romanos 8.32).

Él es el regalo más grande que puede haber.

III. El plan mas grande: *"Para que todo aquel"*

Aquí no hay exclusión de ninguna especie. Poderosos y humildes, religiosos y ateos, blancos y negros, mujeres y hombres, grandes y pequeños. El adjetivo indeterminado *todo* abarca al género humano en su totalidad.

Los humanos hablamos de planes generales, de valores universales, de Naciones Unidas y de muchas otras cosas que no son reales.

Por lo contrario, somos restringidos. Son ciertas personas las que pueden obtener becas; sólo ciertos individuos pueden formar parte de determinado grupo social; a ciertas y determinadas personas se les encomiendan señaladas responsabilidades. Todo tiene su restricción.

¡Qué menguados parecemos ante el inmenso plan de Dios: *"para que todo aquel"*!

El único plan que abarca a todo ser humano es el plan más grande, es el plan de Dios para la salvación.

IV. La sencillez mas grande: *"Para que todo aquel que en Él cree"*

Como el plan es tan grande, nosotros como seres humanos nos inclinamos a pensar que las condiciones para aprovechar esta grandiosa salvación son sumamente difíciles.

En efecto, existen seres humanos que se acuestan desnudos sobre puntas de clavos dispuestos en tal forma que los laceren; otros que miran al sol hasta quedar ciegos, o que andan de rodillas sobre riscos; todo porque creen que esos sacrificios les son indispensables para la salvación de sus almas. Están equivocados.

El plan de Dios para la salvación del pecador incluye la sencillez más grande. Solamente hay que creer en Cristo.

¿Qué significa creer en Cristo? Significa convencimiento de la verdad de la Palabra de Dios, profundo amor hacia el Señor Jesús y completo rendimiento de la voluntad a Él.

V. El resultado mas grande: *"No se pierda, mas tenga vida eterna"*

En el capítulo anterior vimos que el hombre quedó condenado. Quedó afuera. Quedó separado de Dios e imposibilitado para volver a entrar en su presencia. ¡Perdido!

Sin embargo, vimos que se manifestaron algunos rayos de esperanza: una promesa de redención, una manifestación de fe, un símbolo de la redención. Aquí encontramos la realización de todo ello.

Todo el que está perdido, pero cree en Cristo de todo corazón, obtiene el más grande de todos los resultados: no se pierde, sino que tiene vida eterna.

A ése le son borrados sus pecados. Ese es el que entra por la Puerta. Se le conmuta la pena de muerte eterna por la dádiva de Dios que es vida eterna.

Reflexiona

1. ¿Qué significa que Dios amó al mundo *"de tal manera"*?
   _____
   _____
   _____
   _____
   _____

2. ¿Cuántos árboles hizo Dios? _____
   _____

3. ¿Cuánta agua hizo Dios? _____
   _____

4. ¿Cuántas estrellas hizo Dios? _____
   _____

5. ¿Cuánto hizo su amor?
   _____
   _____
   _____
   _____
   _____
   _____
   _____

6. ¿Amó Dios al mundo porque el mundo era bueno?
   Sí ☐ No ☐ Explica.

   _____
   _____
   _____
   _____
   _____

7. ¿Por qué es sencillo el plan de Dios para la salvación?

   _____
   _____
   _____
   _____

8. ¿Cuál es el resultado más grande de la salvación de Dios?

   _____
   _____
   _____
   _____
   _____

9. Diga de memoria Juan 3.16.

4

Dios

El Creador del plan eterno de la salvación

*Y nosotros hemos conocido y creído en el amor que Dios tiene hacia nosotros.
Dios es amor, y el que permanece en el amor, permanece en Dios, y Dios permanece en él
(1ª de Juan 4.16).*

Por cuanto conocemos ya la horrible condición de los que se encuentran afuera de la puerta, sabemos ya el origen de esa condición, el pecado, y entendemos que hay un maravilloso plan de salvación al cual nos hemos acogido, nos corresponde ahora estudiar algo:

- Sobre el Diseñador de este plan, Dios el Padre.
- Sobre su Consumador, nuestro Señor Jesucristo, y
- Sobre su Ejecutor, el Espíritu Santo.

En este capítulo nos dedicaremos a conocer algo de la naturaleza del Diseñador, y en las dos próximas enfocaremos lo relativo al Consumador y al Ejecutor.

Un estudio completo de Dios nos tomaría mucho tiempo. Probablemente haya pronto la oportunidad de estudiar esa doctrina junto con los demás hermanos en la iglesia. Por ahora nos basta echar un vistazo a las enseñanzas de la Biblia con respecto a los atributos de Dios.

Los atributos de Dios son las características que lo distinguen, son cualidades de la naturaleza divina que son inseparables de la idea de Dios y que constituyen la base de sus manifestaciones.

¿Quién es Dios?

Dios es el Espíritu infinito, perfecto en bondad, amor y santidad, eterno, omnipotente, omnipresente, omnisciente, fiel, misericordioso y justo. Como se ve, el concepto de Dios está determinado por sus atributos.

Los teólogos cristianos suelen denominar absolutos a los primeros tres: espiritualidad, infinidad y perfección; y relativos a los demás.

Otros los dividen en naturales: omnipotencia, omnipresencia, omnisciencia y eternidad; y morales: santidad, justicia, fidelidad, misericordia, bondad y amor.

A nosotros, en este curso, nos interesa solamente un sencillo estudio de aquellos atributos que hacen posible el plan eterno de la salvación de los pecadores, tal como lo hemos estudiado.

I. La Biblia nos enseña que Dios es amor (1ª de Juan 4.8, 16).

Esta afirmación no significa solamente que una de las cualidades de Dios es la de amar. Nos dice lo que es la esencia de Dios.

Dios es amor. ¡Todos los planes de Dios están determinados por el amor!

A. Dios hizo al hombre como un objeto de su amor (Efesios 2.4; Jeremías 31.3).

Él tenía planes inconmensurables y maravillosos para el ser humano.

Entre ellos estaban el de comunión perfecta con el hombre, el de proveer para todas las necesidades humanas, el de trabajo cooperativo con el hombre, el de trasladar al hombre, al cumplir su misión en el mundo, a la morada divina y el de una vida eterna con el Creador.

B. En la maldición por el pecado se manifestó el amor de Dios (Efesios 2.4, 5).

La justicia divina demandó justo juicio sobre nuestros primeros padres; pero el amor de Dios hizo que, en medio de la ruinosa maldición, el Señor afirmara la esperanza de salvación, según lo hemos estudiado en la última parte del capítulo tercero.

Dios prometió un Salvador, degolló los corderos para establecer el símbolo del sacrificio de Cristo. Con las pieles cubrió su desnudez.

El hombre comenzó desde entonces a manifestar esperanza en los planes divinos.

C. Cristo vino al mundo en cumplimiento del amor de Dios (Juan 3.16).

Este versículo ya lo sabemos de memoria. Cristo, pues, es la dádiva de amor de Dios, la manifestación de Dios y de su amor para sus criaturas.

La Biblia nos dice que Cristo nos ama como el Padre lo ama a Él (Juan 15.9). De manera que el amor de Dios no se quedó en el misterio de los siglos, sino que se manifestó en la práctica.

Pero Dios demuestra su mismo amor hacia nosotros en que, siendo nosotros aún pecadores, Cristo murió por nosotros (Romanos 5.8).

Si seguimos enumerando los planes de Dios para con el hombre, encontraremos que todos ellos tienen su base en el amor.

II. La Biblia nos enseña que Dios es justo (Salmo 145.17).

Uno de los problemas más grandes que se les presentan a algunos, para poder comprender a Dios, es el hecho de que no entienden cómo un Ser tan amoroso pueda salvar a unos y condenar a otros.

No hay tal problema. Dios *"desea que todos los hombres sean salvos y lleguen al pleno conocimiento de la verdad"* (1ª a Timoteo 2.4).

Es decir, Dios no condena a nadie, está interesado solamente en la salvación. Sin embargo, el hecho de que, según la Biblia, el que tiene vida eterna es *"todo aquel que en Él cree"*, refleja la posibilidad de que haya algunos que no creen. El pecador tiene que creer para que *"no se pierda"*, de donde deducimos que hay algunos que se pierden.

Pero queda muy claro que Dios no los condena arbitrariamente. Dios es justo. Él provee el plan de salvación en la forma más sencilla que pueda concebirse. Su amor lo ha llevado a esta oferta.

Ahora bien, hay muchos que no quieren aceptar ese plan divino, no quieren creer ese mensaje, no quieren confiar en los planes de Dios.

¿Debe Dios salvarlos por la fuerza? No, porque entonces sería injusto.

Dios, por ser justo, permite que la persona elija si quiere la salvación de Dios o no la quiere. Dios tampoco puede dar a los salvos por su gracia y a los que no quieren esa salvación el mismo destino.

Los incrédulos eligen para sí un destino distinto al de los creyentes.

Y no hay sino dos destinos: Vida Eterna o Ira Eterna (lee otra vez Juan 3.36).

Así que los perdidos están condenados porque quieren. Están afuera de la Puerta porque el justo Dios no puede obligarlos a entrar. Él hace la invitación:

Venid a Mí todos los que estáis trabajados y agobiados, y Yo os haré descansar (Mateo 11.28).

Pero no obliga a nadie.

Reflexiona

1. Recita 1ª de Juan 4.16.
2. ¿Cómo podemos definir los atributos de Dios?

3. ¿Quién es Dios?

4. ¿Podemos comprender enteramente a Dios?
   Sí ☐ No ☐ Explica.

5. Dí algunos atributos de Dios que hicieron posible la salvación.

6. Si Dios es amor, ¿por qué se condenan algunos?

7. Dí algunas actividades que puede realizar Satanás contra el plan de Dios.

8. ¿Puede la religión hacer "nuevas criaturas"?

   Sí ☐ No ☐ Explica.

9. ¿Por qué, cuando Dios salva a un individuo, no se lo lleva de una vez?

   _____
   _____
   _____
   _____
   _____
   _____

5

Cristo

El Salvador de los pecadores

*Fiel es la palabra, y digna de de ser aceptada por todos:
Cristo Jesús vino al mundo
para salvar a los pecadores,
de los cuales yo soy el primero*
(1ª a Timoteo 1.15).

Mencionar el nombre sacrosanto de Cristo, nuestro Señor, es tocar la Piedra fundamental de todo el edificio de nuestra fe, y de la Iglesia Cristiana, y del plan divino para la salvación de los pecadores.

Para un cristiano evangélico no hay nombre que tenga más excelente significación. De hecho, el día cuando te iniciaste en los caminos del cristianismo evangélico, lo que hiciste fue aceptar una invitación a seguir a Cristo.

En el primer capítulo estudiamos a Cristo como Puerta.

En el segundo, vimos un símbolo del sacrificio de Cristo por el pecado, en la sangre de los corderos que Dios degolló para cubrir con sus pieles la desnudez de nuestros primeros padres.

En el tercero, encontramos que Cristo es el regalo más grande para el pecador, y en la anterior, notamos que Dios manifestó su amor por medio de la encarnación de su Hijo Jesucristo. No habrá ni un solo capítulo de este libro en la cual no sea Cristo el centro. ¡Dios nos libre de caer en semejante descuido!

Cuando hayamos estudiado este capítulo referente a Cristo, y el próximo, relacionado con el Espíritu Santo, tendremos que estudiar uno sobre la Santísima Trinidad: Dios Padre, Dios Hijo, Dios Espíritu Santo, tres distinciones eternas en la Divinidad.

Estudiemos, pues, algo más acerca de nuestro bendito Salvador.

I. Cristo, Creador (Colosenses 1.15, 16)

La Palabra de Dios nos enseña que Cristo fue Creador junto con su Padre. Todo lo existente en este mundo fue hecho *"por Él y para Él."*

De manera que cuando te encontraste con Cristo, te encontraste con tu propio Creador. Él conoce todas las profundidades de tu ser, tus debilidades, tus pasiones, tus necesidades, tu sinceridad, tu consagración. Él te hizo. ¡Qué gozo proporciona el saber que hemos elegido a nuestro Hacedor, como nuestro Guía en cuestiones espirituales!

Un niño caminaba solo entre el gran número de pasajeros de los vagones de un ferrocarril. La gente lo miraba con asombro, pues, por ser ese un tren muy grande, cada muchacho iba con sus padres, para sentirse seguro y contento. Él estaba seguro y contento, sin estar vigilado por sus padres. Alguien le preguntó:

—¿No te da miedo ir solo en un tren tan grande y peligroso y con tanta gente extraña?

—No— contestó el muchacho admirado—, porque mi padre es el maquinista.

Eso le pasa al cristiano en este mundo de miseria y de dolor. Sigue confiadamente en su viaje a la eternidad, porque todo lo maneja su propio Hacedor.

II. Cristo, revelador de Dios (Hebreos 1.1, 2)

Habiendo Dios hablado en el tiempo antiguo muchas veces y de muchas maneras a los padres por los profetas, en estos postreros días nos ha hablado a nosotros por el Hijo, a quien constituyó heredero de todas las cosas, y por el cual hizo el universo (Hebreos 1.1, 2).

Para poder efectuar Dios su plan de salvación, le fue indispensable ponerse en condiciones de poderse entender con el hombre. Esto era poco menos que imposible, desde el punto de vista humano.

El predicador Billy Graham nos presenta una buena ilustración al respecto. Dice él, en su agradable lenguaje popular, que un día salió al campo y, al mirar al piso, se dio cuenta de que estaba pisando las hormigas. Morían muchas y otras quedaban mortalmente heridas.

El señor Graham sintió el deseo de ayudarlas, pero se encontró con el problema de que no podía comunicarse con ellas. Ellas eran muy pequeñas, él, muy grande; ellas, ignorantes, él, inteligente; ellas, con su mirada pegada a la tierra, él con su mirada elevada.

Pensó que la única forma para poderlas ayudar consistía en volverse hormiga, lo cual le era imposible. Así que el caso de la catástrofe de las hormigas era irremediable.

Eso fue precisamente lo que Dios hizo. Nosotros somos criaturas finitas, Él, infinito; nosotros, ignorantes; Él, sapientísimo; nosotros miramos lo terreno, Él mira lo celestial. Para poder ayudarnos tenía que volverse como nosotros, identificarse con nosotros, volverse hombre, tenía que encarnarse.

Y eso fue precisamente lo que hizo (Juan 1.14). Cristo vino para darnos a conocer a Dios:

El que me ha visto, ha visto al Padre (Juan 14.9).

III. Cristo, perfecto Dios y perfecto Hombre (Mateo 1.23)

En el Nuevo Pacto encontramos enseñanzas muy claras que indican que Cristo tuvo dos naturalezas durante su ministerio y permanencia terrenal.

Tuvo la naturaleza divina, la cual le es propia desde la eternidad y hasta la eternidad. El no dejó de ser Dios por el hecho de haberse humillado a la condición humana y a la muerte de cruz. Pero simultáneamente fue hombre.

El texto bíblico citado arriba nos habla de un nacimiento, es decir, de la naturaleza humana de Cristo, y de un nombre significativo: Emanuel, Dios con nosotros, es decir, de su naturaleza divina.

Pues bien, Cristo como divino tiene el poder suficiente para salvar permanentemente a los que por medio de Él se acercan a Dios, y para interceder por ellos (Hebreos 7.25).

Y como humano se sometió a todos los sufrimientos y amarguras humanas para llegar a ser misericordioso y compasivo como Sumo Sacerdote nuestro (Hebreos 4.14, 15).

En todo fue igual a nosotros, pero nunca cometió pecado.

Podemos estar seguros de que Él usará su omnipotencia de Dios para ayudarnos en las tentaciones, que conoce perfectamente por haber tomado la naturaleza humana (2ª de Pedro 2.9).

IV. Cristo, nuestro Redentor (Juan 10.11; 1ª de Pedro 2:24)

Redimir es rescatar al cautivo. Hubo un tiempo cuando nos encontrábamos nosotros bajo el yugo de esclavitud. Estábamos en la venta de Satanás.

Nadie quería pagar con su vida por un injusto, ni tampoco había alguna vida humana que pudiera valer para este pago (Romos 5.7, 8). Pero Cristo vino, y ofreció su vida, que sí puede comprar, no sólo una vida, sino la de *"todo aquel que en Él cree"* (1ª a los Corintios 6.20).

¡Bendito sea Dios! ¡Alabado sea su santo nombre! Hemos sido *"libertados del pecado"* (Romanos 6.22), comprados por el precio de la sangre de Cristo.

Negras cadenas de pecado horrible
me sostenían atado a la maldad;
mas Cristo, por su gracia indescriptible,
las rompió con su sangre. ¡Libertad!

V. Cristo, nuestro Señor y Rey (Romanos 10.9; Gálatas 2.20)

Cristo no se conforma con ser nuestro Salvador. Quiere ser nuestro Señor y Rey.

Pablo nos dice que, al ser libertados del pecado, nos hacemos siervos de Dios, de su justicia. *"Esclavos de amor"* (Léase Romanos 6.16-22).

Eso quiere decir que la vida cristiana no sólo incluye el inmenso privilegio de la salvación, sino también el derecho de elegir a Cristo como Señor, y el deber de obedecerle en todo lo que nos ordena.

En un mercado de esclavos en la antigua Roma, sucedió un día que se acercó un señor bondadoso a aquel tráfico. Iba mirando las ventas de esclavos.

Al fin se detuvo y eligió uno para comprarlo y ponerlo en libertad. Logró ofrecer más que todos los demás compradores en la subasta. Cuando le quitaron las cadenas, el comprador le dijo: "Eres libre". Y dicho eso, siguió su camino.

Más adelante volvió a mirar hacia atrás, porque sintió que alguien lo seguía muy de cerca. Era el hombre que este señor había libertado.

—No tienes que seguirme— le dijo el caballero—, eres libre para siempre, si lo quieres.

El hombre pasó adelante de su redentor, se hincó y, echado sobre su rostro con los ojos inundados de lágrimas, le dijo:

—Señor, permítame, en gratitud, servirle a usted el resto de mi vida.

Parecidamente, no debe ser para nosotros una carga el tener a Cristo como Señor y Rey, sino un gozo muy grande. Estamos tan agradecidos a Él que queremos rogarle, de todo corazón que nos permita servirle.

VI. Cristo, el gran ausente cuyo regreso se aproxima (Hechos 1.11)

Cristo murió por nosotros, pero también fue sepultado, también resucitó, también ascendió a la diestra del Padre Celestial. Allí intercede por nosotros (Hebreos 7.25).

Pero antes de partir dejó dicho que regresará. Las enseñanzas bíblicas respecto a la segunda venida de Cristo son abundantes. Es una doctrina que alguna vez tendremos que estudiar en la iglesia, en forma más completa.

Nos basta ahora saber que, de acuerdo con las Escrituras, el regreso de nuestro bendito Señor tiene dos manifestaciones.

A. Primera manifestación: traslado de la Iglesia a la morada eterna (1ª a los Tesalonicenses 4.15-18. Lee esta porción).

Cuando se manifieste el Señor Jesús la próxima vez en este mundo, no será a todos los habitantes de la tierra.

Él no llegará hasta nuestro suelo. Solamente llegará hasta nuestra atmósfera. Hasta allí, como el más poderoso de todos los imanes, atraerá a todos sus hijos.

Los primeros que subirán, maravillosamente resucitados por el Señor, son *"los muertos en Cristo".*

Después nosotros, los que vivamos, los que hayamos quedado, seremos arrebatados simultáneamente con ellos en las nubes al encuentro con el Señor en el aire, y así estaremos siempre con el Señor.

Así como los tripulantes de la nave lunar ansían el momento para subir a reunirse con la nave madre, para luego ascender en ella, así los tripulantes de la nave celestial ansiamos que llegue el preciso instante de subir a reunirnos con nuestro Hacedor y Salvador, para luego ascender con Él a la morada que nos tiene preparada.

Este es uno de los mensajes más cargados de esperanza que encontramos en la Biblia. Sólo el hijo de Dios, por la fe en Cristo, tiene esta esperanza.

Romped las tumbas, valientes hermanos,
subid triunfantes hacia el gran encuentro;
nosotros seguiremos vuestros pasos.
Nos aguarda en el aire el gran portento.

B. Segunda manifestación: juicio (Apocalipsis 1.7)

Este versículo de Apocalipsis es uno de los más angustiosos de la Biblia. Para ese solemne y electrizado día, el pueblo de Dios ya no estará sobre la tierra. La que era sal, la Iglesia, habrá sido quitada; todo se habrá corrompido en el sentido total de la palabra (Mateo 5.13).

Los juicios que caerán sobre los habitantes de este planeta se encuentran en el libro de Apocalipsis.

Cuando el pastor de la iglesia anuncie que va a ofrecer un estudio sobre este libro, no pierdas ni uno de los encuentros. Es un libro espectacular. Toda pregunta que se te ocurra al leerlo, hazla a tu pastor.

VII. Cristo, el Rey de reyes y Señor de señores (Apocalipsis 19.11-16)

Cuando Cristo vino al pesebre de Belén, vino como el Cordero de Dios, humilde y manso. Hasta el día de hoy, y hasta el día cuando Él venga por nosotros, esas son las características de nuestro bendito Señor.

Pero, cuando se hayan cumplido todas las cosas, cuando llegue el período de verdadero gobierno en este mundo para Él, entonces será *"Rey de reyes y Señor de señores"*.

Hoy muchos lo desprecian, lo critican, se burlan de Él, como cuando los impíos lo crucificaron, pero en aquel día clamarán a los montes y a las peñas:

¡Caed sobre nosotros, y escondednos del rostro del que está sentado en el trono, y de la ira del Cordero! (Apocalipsis 6.16).

Hoy Cristo es "... *el Cordero de Dios, que quita el pecado del mundo"* (Juan 1.29).

Aquel día será el juez inexorable. Los que entraron por la Puerta, serán los llamados por Cristo en su primera manifestación en el aire; los que se quedaron afuera son los que no están inscritos en el Libro de la Vida.

Y el que no fue hallado inscrito en el libro de la vida, fue lanzado al lago de fuego (Apocalipsis 20.15).

Esto es lo que llamamos Ira Eterna.

Al terminar este capítulo, todos los que hemos recibido a Cristo y somos salvos, debemos inclinar nuestras frentes, y rendir tributo de adoración a nuestro bendito Salvador, Cristo Jesús, *"el que es, y que era, y que viene, el Todopoderoso"* (Apocalipsis 1.8).

Si aún no has aceptado a Cristo,

¡He aquí ahora el tiempo aceptable! ¡He aquí ahora el día de salvación! (2ª a los Corintios 6.2)

Reflexiona

1. ¿Cuál es la Piedra fundamental del edificio de la fe cristiana?

   _____

2. ¿Aprendiste de memoria 1ª a Timoteo 1.15?
   Sí ☐ *No* ☐ *Explica.*

   _____
   _____
   _____
   _____

3. ¿Cristo es también Creador? *Sí* ☐ *No* ☐
   Cita algún texto bíblico.

   _____
   _____
   _____
   _____

4. ¿Qué necesitó Dios para poder ayudar a los hombres?

   _____
   _____
   _____
   _____
   _____

5. ¿Cuántas naturalezas tuvo Cristo? _____

   ¿Cuáles fueron?

   _____
   _____
   _____

6. ¿Qué significa la palabra *redimir*?

   _____
   _____
   _____
   _____
   _____
   _____

7. Cristo quiere ser nuestro Salvador. ¿Qué más quiere ser Él?

   _____
   _____
   _____
   _____
   _____
   _____

8. ¿A qué viene Cristo por segunda vez?

   _____
   _____
   _____
   _____

9. ¿Estás seguro de que eres salvo?

   Sí ☐ No ☐ Explica.

   _____
   _____
   _____
   _____

6

El Espíritu Santo
Fiel Ejecutor del plan de la salvación

Porque la manera de pensar de la carne es muerte, pero la manera de pensar del espíritu, es vida y paz
(Romanos 8.6).

El Espíritu Santo es el encargado del ministerio de gracia. Este ministerio tiene dos aspectos: el de redargüir al mundo de pecado, de justicia y de juicio; y el de guiar al creyente a toda la verdad (Juan 16.8-11,13).

I. El ministerio de redargüir al mundo (Juan 16.8-11)

Y cuando Él venga, redargüirá al mundo de pecado, y de justicia, y de juicio.

Redargüir es convertir un argumento contra su autor. Los que están allá, afuera de la Puerta, necesitan ser convictos, necesitan sentirse pecadores; de otro modo no se estimulan hacia el plan de salvación.

Esta obra no la puede hacer ningún predicador, por más elocuente que sea, ya que la elocuencia es humana.

La obra de interesar al pecador en la voz de la Puerta corresponde exclusivamente al Espíritu Santo, claro, usando como instrumento al predicador.

Además de mostrarle el pecado, le indica las exigencias de la justicia divina, y le hace ver que Cristo cumplió toda justicia.

Nadie puede quedarse afuera, quejándose, por no poder cumplir la justicia de Dios, pues Cristo la satisfizo y basta confiar en Él.

Por otra parte, el Espíritu Santo le señala al pecador el juicio que lo espera. Le hace comprender que ese juicio es evitable, ya que desde el patíbulo de la cruz, Cristo dio el golpe certero contra la cabeza del enemigo, es decir, la sentencia de juicio sobre el príncipe de este siglo. Se cumplió, pues, la promesa de Génesis 3.15.

Cuando el pecador se da cuenta del hervor de fuego que lo espera, como consecuencia del pecado, por cuanto no puede cumplir la justicia divina, exclama como el carcelero de Filipos:

¿Qué tengo que hacer para ser salvo? (Hechos 16.30)

Dos prisioneros por la causa de Cristo dan respuesta inmediata:

Cree en el Señor Jesús, y serás salvo (Hechos 16.31).

Así los pecadores ven a Cristo, la Puerta de Salvación, entran por ella, es decir, reciben a Cristo en calidad de Salvador y Señor, y tienen vida eterna.

Esa es la obra que hace el Espíritu Santo a favor de los perdidos.

II. Ministerio de guiar a toda la verdad (Juan 16.13)

Pero cuando venga Aquél, el Espíritu de la Verdad, os guiará en toda la verdad.

Aquí hemos llegado a una obra inmensa. ¿Cómo guía el Espíritu Santo al cristiano a toda la verdad?

A. El Espíritu Santo sella al creyente.

. . . habiendo creído en Él, fuisteis sellados con el Espíritu Santo prometido (Efesios 1.13).

Sellar es estampar una cosa en otra, con el propósito de que quede determinada señal en la primera.

A partir del día de Pentecostés, este sello se llamó el bautismo en Espíritu Santo y fuego. (Véanse *Mateo 3.11; Lucas 3:16*.) Con este sello *"El Espíritu mismo da testimonio a nuestro espíritu, de que somos hijos de Dios"* (Romanos 8.16).

B. El Espíritu Santo consuela.

Y Yo rogaré al Padre y os dará otro Paracleto, para que esté con vosotros para siempre: El Espíritu de Verdad (Juan 14.16, 17).

Cuando estamos angustiados y nuestro horizonte se llena de nubarrones, y no podemos comprender la verdad de las cosas, El Espíritu Santo desvanece la angustia mediante su consuelo, para que entendamos las cosas correctamente (léase *Hechos 4.23-31*).

C. El Espíritu Santo confirma.

El Espíritu mismo da testimonio a nuestro espíritu, de que somos hijos de Dios (Romanos 8.16).

Es probable que hayas tenido las primeras dudas. ¿Será cierto que ahora sí soy hijo de Dios? ¿No estaré equivocado? ¿No me dicen que todas las religiones son iguales?

Muy pronto, mediante la consulta bíblica y la oración, llegarás a la firme convicción de que sí eres hijo de Dios.

Por otra parte, el Espíritu Santo también nos confirma en la fe, ayudándonos en nuestras flaquezas en la oración (Romanos 8.26), repartiéndonos dones espirituales (1ª a los Corintios 12.4-13) y de muchas otras maneras.

D. El Espíritu Santo llena al creyente en Cristo.

Y todos fueron llenos del Espíritu Santo... (Hechos 2.4).

Se ha comparado al creyente en Cristo con un vaso. Desde el momento cuando creyó, entró en él el Espíritu Santo, lo llenó. Pero cada vez que necesite mayor gracia, mayor fuerza, mayor confianza, Él lo llena más hasta donde sea necesario.

Es condición normal de todo cristiano el estar siempre lleno del Espíritu divino.

E. El Espíritu Santo hace que el cristiano dé frutos espirituales.

Pero el fruto del espíritu es amor, gozo y paz; paciencia, benignidad y bondad; fe, mansedumbre y templanza...

Ahora que vivimos por el Espíritu, andemos en el espíritu (Gálatas 5.22-25).

No es tan difícil saber, desde el punto de vista humano, si una persona es verdaderamente convertida, pues si lo es, mostrará los frutos espirituales.

F. El Espíritu Santo impone el orden en la reunión cristiana.

Pero hágase todo decentemente y con orden (1ª a los Corintios 14.40).

Los versículos 1 y 26 de este mismo capítulo nos hablan de los dones, de las reuniones cristianas y del orden en los cultos a Dios.

Al Espíritu Santo le disgusta el desorden en el culto cristiano. En el capítulo 14 de la Primera Epístola de Pablo a los Corintios, encontramos un reglamento completo para el culto cristiano, impuesto por el mismo Espíritu, por medio del apóstol.

Cuando hay desorden y confusión en el culto cristiano es cuando menos puede guiar el Espíritu al creyente a toda la verdad. Si las palabras humanas no se pueden entender en ese ambiente, cuánto menos la voz verdadera del Espíritu de Dios.

Así que el Espíritu Santo es un Don inefable de Dios para sus hijos. Pablo exclama alborozado: *"¡Gracias a Dios por su don inefable!"* (2ª a los Corintios 9.16)

La doctrina del Espíritu Santo es una de las más interesantes y más extensas en la Biblia. Conviene estudiarla con detenimiento y aprovechar el cúmulo de bendiciones espirituales que ofrece al creyente en Cristo.

Si deseas un estudio más detallado sobre las doctrinas del Espíritu Santo, te recomiendo leer mi libro titulado *Poder divino*.

Reflexiona

1. ¿Cuál es el ministerio del Espíritu Santo?

   _____
   _____
   _____
   _____
   _____

2. ¿Cómo guía el Espíritu Santo al creyente en Cristo a toda la verdad?

   _____
   _____
   _____
   _____
   _____

3. ¿Qué significa la expresión "bautismo en Espíritu Santo"?

   _____
   _____
   _____
   _____

4. ¿Es usted bautizado en Espíritu Santo?
   Sí ☐ No ☐ Explica.

   _____
   _____

5. ¿Cuál es el fruto del Espíritu?

6. ¿Debe haber orden en la reunión cristiana? Explica.

7. Cuando tienes dudas, ¿qué hace el Espíritu Santo?

8. ¿Puedes decir de memoria Romanos 8.7?
   Sí ☐ *No* ☐

7

La Santísima Trinidad

Tres eternas distinciones en la sustancia divina

> *Id, pues, discipulad a todas las gentes, bautizándolos en el nombre del Padre, del Hijo, y del Espíritu Santo (Mateo 28.19).*

Como hemos estudiado en las últimas tres lecciones, en la Biblia se nos habla de un solo Dios; pero a la vez hay tres personas a las cuales se las llama Dios: Dios Padre, Dios Hijo y Dios Espíritu Santo.

No son tres dioses; sino uno; sin embargo, se nos presentan como si fueran personas que se distinguen.

Nos vamos a dedicar al estudio de esta doctrina. Por ser tan amplia, no agotaremos el estudio, pero veremos lo esencial, lo que necesitamos en este curso.

I. Tres personalidades a las cuales se llama Dios

A. El Padre es Dios.

Son incontables los versículos bíblicos que nos hablan de una Personalidad, que fue la que envió a nuestro Señor Jesucristo, la cual recibe explícitamente el nombre de Dios el Padre.

Como ejemplos podemos citar las siguientes porciones bíblicas: 1ª de Pedro 1.2; Juan 6.27. Hay muchísimos pasajes como estos. No citamos más con el ánimo de que los alumnos lean bien los dos versículos anotados.

Es de notar que en el Antiguo Pacto no estaba tan claro el concepto de Padre como se encuentra en el Nuevo. Esto se debe a que Cristo es el Revelador del Padre, y así lo manifestó en diversas ocasiones (Juan 1.18).

B. El Hijo es Dios.

Nuestro bendito Redentor también se llama Dios en la Biblia. El Evangelio según Juan comienza con este testimonio:

> *En un principio era el Verbo* (Cristo), *y el Verbo estaba ante Dios, y Dios era el Verbo. En un principio Éste estaba ante Dios* (Evangelio según Juan 1.1, 2). (El paréntesis es del autor para aclarar el concepto).

En Juan 20.28, Tomás le dice al Señor: *"¡Señor mío y Dios mío!"* Cristo no rechazó la adoración de Tomás, con lo cual sostuvo que sí es Dios.

El apóstol Pablo también afirma que Cristo es Dios (Romanos 9.5).

El apóstol Juan da el mismo testimonio. Él escribió su primera epístola universal *"para que sepáis que tenéis vida eterna. . ."* (1ª de Juan 5.13), y no vacila en afirmar que esa vida está en Cristo, para luego hacer hincapié:

> *Éste es el verdadero Dios, y la vida eterna* (v. 20).

C. El Espíritu Santo es Dios.

El apóstol Pedro lo dice muy claramente cuando reprende a Ananías el defraudador. Le dice que ha mentido al Espíritu Santo y, por tanto, ha mentido a Dios (Hechos 5.3, 4).

Pablo, en 1ª a los Corintios 3.16, nos afirma que somos santuario de Dios Espíritu Santo.

Es conveniente que todos los alumnos lean 1ª a los Corintios 12:4-6, donde se nos habla del mismo Espíritu, el mismo Señor, el mismo Dios.

II. Tres funciones específicas

La idea de relación que encontrarnos entre estas tres eternas distinciones en la Deidad, nos lleva a considerar sus funciones específicas.

A. Función de Dios Padre

Dios el Padre aparece específicamente como Creador y Preservador de todas las cosas por medio de su providencia. De Él se habla en el primer versículo de la Biblia:

En un principio creó 'Elohim los cielos y la tierra (Génesis 1.1).

Luego aparece interviniendo en los eventos de la vida y de la historia en el Antiguo Pacto.

B. Función de Dios Hijo

El Hijo aparece específicamente como Salvador. Este fue el mensaje celestial que proclamaron los ángeles en los campos dormidos de Belén:

¡Hoy os nació en la ciudad de David un Salvador, que es el Mesías, el Señor! (Lucas 2.11)

Tanto en las profecías mesiánicas del Antiguo Pacto, como en todo el Nuevo Pacto, el Señor Jesús es, ante todo, Salvador.

Aunque el Hijo fue también el Creador, sin embargo, su función específica es la de Salvador (lee detenidamente Colosenses 1.12-20).

C. Función de Dios Espíritu Santo

La obra del Santo Espíritu la podemos resumir en la significativa palabra *santificación*.

El estudio que hicimos sobre el Espíritu Santo nos dio a entender que su obra fundamental consiste primeramente en convencer al mundo de pecado, de justicia y de juicio. Esto lo hace con el propósito de separar a todos los que se rindan a Cristo, de este mundo de pecado y de miseria.

El segundo aspecto de su obra es el de guiar a los seguidores de Cristo a toda la verdad, es decir, conducirlos en un proceso de santificación mediante la lectura detenida y devota de la Palabra de Dios y la oración constante.

Ahora bien, podemos hacer estas distinciones específicas. Sin embargo, los tres colaboran, no son antagonistas.

El Hijo y el Espíritu Santo aparecen con el Padre en la creación (Génesis 1.1, 26). En el primer versículo de la Biblia se usa en hebreo el nombre 'Elohim que indica pluralidad en la Divinidad. En el versículo 26 del primer capítulo de la Biblia el verbo está en plural: *"hagamos"*.

El Padre y el Espíritu Santo también toman parte en la obra de la redención (Mateo 3.16, 17). En esta porción, el Hijo recibe el bautismo para iniciar su ministerio, el Espíritu Santo desciende sobre Él en forma corporal como de paloma, y el Padre habla desde el cielo.

Jesucristo nos ordenó predicar el Evangelio, y bautizar a los que creen en el nombre del Padre, del Hijo y del Espíritu Santo. Así que vas a ser bautizado con esta fórmula.

El Padre y el Hijo también toman parte en la obra santificadora del Espíritu Santo (Juan 14:26; 15:26).

IV. Tres peligros

En los primeros siglos de la Iglesia de Cristo, especialmente después de la muerte de los apóstoles, se presentaron dificultades para poder comprender esta doctrina. Desde entonces ha habido problemas.

Son tres las posiciones erróneas que siempre ha habido.

A. Sabelianismo

Este nombre se deriva del obispo Sabelio, que vivió en el tercer siglo de nuestra era.

La dificultad que presenta la doctrina de la Trinidad para poderla entender cabalmente lo llevó a la conclusión de que Padre, Hijo y Espíritu Santo son sencillamente tres distintas manifestaciones de Dios.

Así negó la Trinidad en la Sustancia divina, pues su trinidad era de tipo administrativo: Dios, en relación con su creación era Padre; en relación con el Verbo encarnado es Hijo; en relación con la Iglesia es Espíritu Santo.

Todavía en el día de hoy persiste este error en aquellos que creen que no hay tal Dios Padre, ni tal Espíritu Santo como personalidades que se distinguen, sino Jesús solo; que Dios el Padre era Jesús antes de encarnarse, que Dios el Hijo era Jesús, y que el Espíritu Santo es el Espíritu de Jesús.

Es el mismo error de Sabelio, y hay que estar alerta contra este error.

B. Arrianismo

Esta es otra herejía enseñada por un señor Arrio de Alejandría, en el siglo cuarto.

Este hombre sostuvo que el único Ser divino y eterno es el Padre; que el Hijo y el Espíritu Santo fueron las primeras Criaturas que Dios hizo de la nada.

Por medio de ellos creó y recreó todas las cosas. A Cristo, según él, se lo llama Dios por el rango que tiene junto al Padre, y por haberle concedido Dios el poder para crear.

Esta enseñanza es falsa, porque contradice lo dicho en la Palabra de Dios.

Modernamente, tiene muchos seguidores llamados Ruselistas o Testigos de Jehová. Estos dicen que pasajes bíblicos como Colosenses 1.15 y Apocalipsis 3.14, afirman claramente que Jesucristo fue una Criatura.

Se les olvida que Cristo tuvo dos naturalezas, la divina y la humana; y que los planes de Dios son eternos.

Así que antes de siquiera pronunciar su primera palabra creadora ya tenía realizado el plan de la encarnación de su Hijo, y el de la salvación de los pecadores.

El plan de que el Hijo tomara naturaleza humana fue anterior a todo, con lo cual resulta ser Él, el Primogénito de toda criatura y el Principio de la creación de Dios.

Por otro lado, la palabra principio, que se halla en Apocalipsis no se refiere necesariamente a tiempo, sino al elemento esencial, al principio constitutivo.

Sólo interpretando dichos pasajes en esta forma se pueden comprender los innumerables pasajes de las Escrituras que tratan de la Trinidad (Mateo 3.16, 17; 1ª de Pedro 1.2; Efesios 1.3, 13; Hebreos 9.14; 2ª a los Tesalonicenses 3.5; Mateo 28.19; Juan 14.16, 17, 26;

15.26; 2ª a los Corintios 13.14; Gálatas 4.6 y muchísimos más).

Así también podemos entender los que dicen que Cristo es Dios eterno (Juan 1.1; Hebreos 1.8; 1ª de Juan 5:20).

C. Triple Deidad

Esta es la tendencia a creer que los versículos bíblicos apuntados nos indican que existen tres dioses.

Los que llegan a este extremo se sitúan realmente fuera del cristianismo. Es, más bien, un argumento que esgrimen los que critican al cristiano por su fe en la doctrina de la Trinidad. Dicen que esa es una fe en una deidad triple.

En verdad no es cierto. La palabra *persona*, que empleamos para indicar las distinciones en la Esencia divina, no es exacta, pero es la que nos da la mejor idea.

No la usamos en sentido absoluto, como se la aplicamos a Pedro, a Juan y a Diego, sino en sentido especial, por carecer de un término que nos diga exactamente lo que la Biblia quiere enseñarnos cuando nos habla de Padre, Hijo y Espíritu Santo.

Dicho de otra manera, se nos hace más comprensible la revelación trina de Dios, si la concebimos como Trinidad: tres distintas subsistencias personales que son una misma y eterna Esencia.

V. Tres razonamientos validos

A. El termino Trinidad

Uno de los problemas para poder entender esta doctrina se basa en el hecho de que el vocablo *Trinidad* no se encuentra en las Escrituras; sin embargo, ya hemos visto que la doctrina sí se encuentra profusamente difundida en toda la Biblia.

La invención de la palabra se atribuye a Tertuliano, uno de los doctores de la Iglesia en los siglos dos y tres. Precisamente, fue inventada para salirle al paso al sabelianismo y a la tendencia que más tarde iba a capitalizar Arrio.

Pero esto no es problema. El planeta Plutón existió antes que se supiera de su existencia y que se le diera ese nombre. La doctrina de la Trinidad también existió antes que la teología la entendiera y le diera ese nombre.

B. El hecho de la revelación

La doctrina de la Trinidad no es fruto de las especulaciones humanas. Si así fuera, resultaría un poco más comprensible.

Pero es una revelación de la naturaleza de Dios, y por tanto es natural que nosotros, que no alcanzamos a comprender las complejidades de nuestra propia naturaleza, no entendamos cabalmente la revelación de la misma esencia de Dios.

C. Lo absurdo de aceptar las enseñanzas erróneas

Si aceptamos la falsedad de que Padre, Hijo y Espíritu Santo son tres dioses, incurrimos en un grotesco politeísmo semejante al de los primitivos griegos, al de los hindúes, al de los mayas.

Como cristianos, somos monoteístas: creemos en un solo Dios, en el cual alcanzamos a vislumbrar tres distinciones eternas.

Si nos resignamos a creer el antiguo sabelianismo, que equivale al moderno unitarismo, es decir, a creer que no existe la Trinidad, sino tres manifestaciones distintas del mismo Dios, gran parte del Nuevo Pacto se nos tornaría ridículo.

Si creemos que no hay tres eternas distinciones en la Divinidad, sino Jesús solo, la lectura del capítulo 17 de Evangelio según Juan, por ejemplo, equivaldría a la siguiente:

Estas cosas habló Jesús, y levantando los ojos al cielo, dijo: Yo, ha llegado la hora. Glorifíqueme yo a mí mismo, para que también yo mismo me glorifique a mí.

El versículo cinco equivaldría a decir:

Y ahora, yo, glorifíqueme yo al lado de Yo mismo, con la gloria que tenía conmigo antes de existir el mundo.

Así se echaría a perder todo pasaje que hable de la Trinidad en el Nuevo Pacto. ¡Qué ridiculez!

Por otro lado, si seguimos las herejías arrianas que modernamente sostienen los ruselistas, es verdad que quedaríamos con un solo Dios.

Pero, ¡qué horror sería eliminar de la Biblia pasajes como Juan 1.1, que nos habla del Verbo Eterno; como Génesis 1.2, que nos dice del Espíritu Eterno; como Job 33.4, que nos aclara que el Espíritu no fue creado, sino que fue Creador; como 1ª a los Corintios 2.11, que nos dice que el Espíritu conoce a Dios!

Mejor dicho, sería destruir la Palabra de Dios.

VI. Tres ilustraciones

Por ser finitos, no tenemos la capacidad de profundizarnos hasta lo más recóndito en la revelación de Dios. Si entendiéramos todas las cosas, seríamos dioses.

Sin embargo, Dios nos ha dejado analogías en la misma Naturaleza que pueden ayudarnos a comprender la naturaleza divina.

Citemos algunas: una de la realidad concreta, otra de la realidad abstracta y la última de la personalidad humana.

A. El Sol

Este gran astro es el centro de nuestro sistema planetario. Es uno, pero de él provienen tres distintos elementos que no pueden confundirse, ni pueden disociarse: la luz, el calor y el fuego.

B. El haz de luz

Lo que comúnmente llamamos rayo de luz es realmente un haz de luz, puesto que es un conjunto de rayos: uno químico que es invisible; uno luminoso que es visible; y uno calorífico que produce calor.

En forma análoga, en la Trinidad el Padre es invisible, Cristo es visible, es la Luz, y el Espíritu Santo es el Calor de la Iglesia. Los Tres son Uno como los tres rayos son un haz de luz.

C. La personalidad

Recordemos que, desde cierto punto de vista, somos seres tripartitos.

Es decir, tenemos un *cuerpo* que es visible; y una parte inmaterial que, en tanto que se relaciona con los valores religiosos y eternos se llama *espíritu*, y en lo tocante a las emociones temporales se llama *alma* (1ª a los Tesalonicenses 5.23). Eso es parte de la Imagen de Dios en el hombre.

No podemos decir, de ninguna manera, que estas sean semejanzas perfectas o comparaciones de igualdad; pero son analogías magníficas que nos ayudan a comprender mejor la naturaleza de la Divinidad.

Reflexiona

1. Dí de memoria Mateo 28.19.
2. ¿Cuántas personalidades aparecen en la Biblia con el nombre de Dios?

   _____
   _____
   _____
   _____

3. ¿Cuál es la función específica de Dios Padre?

   _____
   _____
   _____
   _____
   _____

4. ¿Cuál es la función específica de Dios Hijo?

   _____
   _____
   _____
   _____
   _____

5. ¿Cuál es la función específica de Dios Espíritu Santo?

   _____
   _____
   _____
   _____

6. ¿Hay colaboración u oposición entre estas tres Personalidades?

7. ¿Qué es el sabelianismo?

8. ¿Qué es el arrianismo?

9. ¿Cuáles son los representantes modernos del arrianismo?

_____
_____
_____
_____

10. ¿Es la Trinidad una triple Deidad?

    Sí ☐ No ☐ Explica.

_____
_____
_____

11. ¿Qué absurdo resulta de creer que estas tres Personalidades son tres dioses? *Explica.*

_____
_____
_____
_____
_____

12. ¿Qué absurdo resulta si creemos que son sólo manifestaciones de Dios? *Explica.*

_____
_____
_____
_____
_____

13. ¿Qué le pasaría a la Biblia si aceptamos el arrianismo?

    _____
    _____
    _____
    _____

14. ¿Puedes dar alguna ilustración de la Trinidad?
    Sí ☐ *No* ☐ *Explica.*

    _____
    _____
    _____
    _____
    _____

8

La Biblia

Palabra de Dios

*Toda Escritura es inspirada por Dios,
y es útil para la enseñanza,
para la refutación del error, para la corrección,
para la instrucción en la justicia
(2ª a Timoteo 3.16).*

Te habrás dado cuenta de que toda afirmación fundamental que vamos haciendo en estos estudios está confirmada por la Biblia. Cada capítulo está encabezado por un versículo bíblico que debemos aprender de memoria.

En varias oportunidades se da abundancia de citas bíblicas, algunas de las cuales son largos trozos para que el estudiante lea con detenimiento.

Eso quiere decir que el libro que llamamos Biblia tiene gran importancia en todas las cuestiones que se tratan en este curso.

Sabemos que es verdad todo lo dicho en los siete capítulos anteriores, y lo que se dirá en los siete posteriores, porque así lo enseña la Palabra de Dios, que es la Biblia.

Entonces vale la pena que estudiemos el qué, el por qué, el para qué, el cómo, el cuándo, y el dónde y todo lo que podamos saber acerca de la Biblia.

I. Qué es la Biblia

La Biblia es la Palabra de Dios. Esta afirmación no quiere decir que todo lo que está escrito en la Biblia lo dijo Dios, ni que ella contiene sencillamente la Palabra de Dios. No.

La Biblia es la Palabra de Dios. Es necesario aprender de memoria el versículo que encabeza este capítulo, porque nos sirve de clave para el estudio. *"Toda Escritura es inspirada por Dios"*.

Cuando estudiemos el cómo, veremos lo que significa la inspiración, que es justamente la que nos autoriza para decir que la Biblia es la Palabra de Dios.

Desde el punto de vista del concepto libro, la Biblia es una biblioteca de 66 libros.

Está dividida en dos partes llamadas *Antiguo Pacto* y *Nuevo Pacto*, o *Antiguo Testamento* y *Nuevo Testamento*.

El Antiguo Pacto está compuesto de 39 libros y el Nuevo, de 27.

El Antiguo Pacto fue hecho por Dios con un pueblo especial, escogido, llamado Israel. El Nuevo Pacto es el pacto de Dios con *"todo aquel que en Él cree"*.

El Antiguo Pacto contiene historia, leyes, poesía y profecía. El Nuevo Pacto contiene los Evangelios, la historia de la iglesia primitiva, las epístolas de los apóstoles y el Apocalipsis o Revelación que Dios le dio al apóstol Juan.

II. Por qué es necesaria la Biblia

En el año 1956 sucedió un acontecimiento trágico en las selvas del Ecuador. Tres misioneros evangélicos habían estado tratando de comunicarse con los feroces indígenas de una tribu llamada *Auca*, para darles el mensaje del Evangelio.

Mediante algunas señales de amistad, como regalos que les lanzaban desde un aeroplano (comestibles, telas, machetes y otras cosas) querían que los aucas entendieran que los misioneros no tenían ningún mal propósito para con ellos. Pero los indígenas entendieron estas señales en forma contraria.

Cuando los misioneros hicieron los primeros intentos de aterrizar en una playa del río Curaray, fueron recibidos por los indígenas con curiosidad; pero su manera de tratar de hacerse entender de los salvajes fue mal interpretada por éstos. Pronto los tres fueron asesinados.

En un libro titulado *Portales de esplendor* se encuentra esta conmovedora historia (si te interesa este libro, pídale al pastor que te ayude a conseguir uno).

Dios también nos ha dejado muchas señales en la naturaleza física y en la conciencia moral del hombre, mediante las cuales quiere manifestarnos sus buenos deseos.

Pero los hombres no han sabido comprender esas señales (Romanos 1.19, 20). Al estudiarlas, se vuelven idólatras, incrédulos y necios (Romanos 1.21-23).

Así que Dios, para que el hombre tuviera una guía perfecta e infalible, suficiente para conocer a Dios y su plan de salvación, se nos ha revelado por medio de la palabra escrita.

Viendo bien las cosas, ésta era la mejor manera de manifestarnos su voluntad. No podía confiar cosas tan importantes a la tradición humana o a la memoria finita.

Dios también se nos ha revelado mediante su Hijo Jesucristo. Sin embargo, los hombres no comprendieron a Cristo, y lo crucificaron en el Gólgota.

Si los misioneros del Ecuador hubieran tenido alguna posibilidad de comunicarse por escrito con los aucas, la historia hubiera sido muy distinta.

Por estas razones, Dios nos reveló su Palabra en forma escrita.

III. Para qué es la Biblia

El apóstol Juan nos declara para qué fue escrito su Evangelio:

... para que creáis que Jesús es el Ungido, el Hijo de Dios, y para que creyendo, tengáis vida en su Nombre (Juan 20.31).

Podemos decir, por extensión, que esa es la finalidad de toda la Escritura.

Pablo nos dice claramente para qué se escribió el Antiguo Pacto.

Porque lo que fue escrito en tiempos pasados, para nuestra enseñanza fue escrito; para que por la paciencia y la consolación de las Escrituras, sostengamos la esperanza (Romanos 15.4).

Las Escrituras se escribieron, pues, para nuestra esperanza, para nuestra enseñanza, para que comprendamos la paciencia, para que recibamos consolación.

IV. Cómo se escribió la Palabra de Dios

Porque la profecía nunca fue traída por voluntad humana, sino que los hombres hablaron de parte de Dios siendo guiados por el Espíritu Santo (2ª de Pedro 1.21).

Cristo nos dejó un gran testimonio de autoridad con respecto a las Escrituras:

Escudriñáis las Escrituras, porque os parece que en ellas tenéis vida eterna, y ellas son las que dan testimonio acerca de Mí (Juan 5.39).

Hemos aprendido, además, que *"Toda Escritura es inspirada por Dios".*

De las citas bíblicas anteriores, podemos deducir, sin temor a equivocarnos, que Dios escogió a unos cuantos hombres (alrededor de cuarenta), a los cuales asistió especialmente mediante su Espíritu Santo, para que escribieran el mensaje de Dios en forma inerrable, es decir, sin error.

No quiere decir esto que la Biblia no narra errores y pecados de los hombres. Sí los narra, e informa también de palabras y hechos de los impíos, y del mismo Satanás.

La inspiración de las Escrituras es la doctrina que sostiene que el Espíritu Santo influyó en estos escritores, para preservarlos de todo error en el registro de todo lo que escribieron por orden de Dios, y para habilitarlos de tal modo que sus escritos fueran los precisos y suficientes a fin de que el pecador conozca a Dios y su plan de salvación.

Estos hombres fueron de diversas culturas, y vivieron en diferentes tiempos y lugares. Por ello, hay que saber entender sus escritos en su contexto cultural, y tomando en cuenta el propósito inmediato.

Estos hombres no actuaron por inspiración propia al escribir tales libros, tal como actuaron, digamos Cervantes, al escribir *El ingenioso hidalgo don Quijote de la Mancha,* o Virgilio, al escribir *La Eneida.*

La inspiración de los hombres que escribieron los libros bíblicos fue divina.

Inspiración divina e iluminación divina no son expresiones sinónimas. La iluminación nos la da Dios generosamente, a todos sus hijos, para que entendamos su santa Palabra. La iluminación es permanente.

En cambio la inspiración divina fue sólo para ciertos hombres escogidos, y fue intermitente. Esto quiere decir que algunos de ellos hablaron y escribieron cuestiones para las cuales no estaban inspirados divinamente. Por ello, esas palabras y esos escritos no aparecen en la Biblia.

Dios guió al pueblo judío (Romanos 3.1,2) y a la iglesia cristiana del primer siglo (Juan 14.26) para que formaran un canon, esto es, una lista correcta de los libros que debían integrar el Antiguo Pacto y el Nuevo Pacto.

Hay otros libros que también contienen cosas buenas, pero por no cumplir los estrictos requisitos exigidos por los judíos residentes en Palestina en el tiempo del canon, no pertenecen al canon del Antiguo Pacto; o por no ajustarse cabalmente a las medidas canónicas impuestas por la Iglesia Cristiana primitiva, no entran en el canon del Nuevo Pacto.

Esos libros, aunque sean muy buenos, no pertenecen a las Sagradas Escrituras, no son Palabra de Dios. Se llaman *apócrifos* o *espurios*, nombres que significan sencillamente que no pertenecen al canon bíblico.

Sin embargo, la Iglesia Católica Romana los declaró canónicos en varios concilios, y definitivamente en el Concilio de Trento que se reunió de 1545 a 1563. Nosotros no creemos en la autoridad de Roma para agregar estos libros a los que judíos antiguos y cristianos primitivos establecieron como Palabra de Dios.

Los libros apócrifos aparecen todos en el Antiguo Pacto, en las versiones de la Biblia autorizadas por la Iglesia Católica Romana. Son siete: *Tobías, Judit, Baruc, Sabiduría, Eclesiástico* y *dos libros de Macabeos*. Hay también algunas adiciones al libro de *Daniel*.

Por las razones anotadas, no aparecen en nuestra versión de la Biblia.

V. Cuándo fueron escritas las Sagradas Escrituras

Los escritores de los libros de la Biblia vivieron en un largo período que abarca 1.600 a dos mil años.

Los libros más antiguos del Antiguo Pacto, entre los cuales se encuentran los cinco de Moisés, que aparecen primeros en la Biblia, y el libro de Job, fueron escritos aproximadamente 1.600 años antes del nacimiento de nuestro Señor (a. de C.).

Los libros del Nuevo Pacto se acabaron de escribir todos antes de terminar el primer siglo de nuestra era. Sin embargo, el procedimiento que siguió la Iglesia Cristiana para formar el canon fue sumamente estricto y, por ello, el Nuevo Pacto fue aceptado por los seguidores de Cristo, tal como lo tenemos hoy, en el siglo cuarto.

VI. Dónde se escribió la Biblia

La Biblia se escribió en diferentes países.

La mayor parte de los autores estaban en Palestina para el tiempo cuando escribieron sus libros, pero otros estaban en el exterior. Los profetas Daniel y Ezequiel escribieron en Babilonia, Mardoqueo, en Persia.

Pablo escribió la mayor parte de sus epístolas en el extranjero y para extranjeros, pues fue llamado por Dios para ser apóstol de los gentiles. Algunas de sus epístolas fueron escritas desde Roma.

El Apóstol Juan también estaba en Asia Menor cuando escribió el último libro de la Biblia, el Apocalipsis.

VII. Quiénes escribieron la Biblia

Ya hemos dicho que la escribieron en un período de alrededor de dos mil años, que se escribió en diversos lugares, dentro y fuera de Palestina.

Ahora, consideremos algo sobre los autores. Algunos de ellos fueron grandes reyes como David y Salomón, y otros, humildes campesinos como Amós; unos, grandes legisladores como Moisés y Josué, otros, humildes pescadores como Pedro y Juan; algunos, prominentes estadistas y oradores como Isaías y Pablo, otros, sencillos ciudadanos como Marcos y Judas. Unos fueron judíos; Lucas fue gentil, y fue médico.

El milagro más grande en todo esto, que a la vez prueba que la Biblia es la Palabra de Dios, está en que con tanta diferencia de tiempo, de lugares y de culturas no hay contradicciones fundamentales en la Biblia.

Muchos de los autores nunca se conocieron, pero todos están de acuerdo, tienen un mismo objetivo: presentar el plan de Dios para la salvación de los pecadores, por medio de Jesucristo.

Este tema, que es el que hace que los 66 libros sean uno solo, se encuentra en todo el santo Libro. No hay duda de que la Biblia no tiene sino un Autor: el Espíritu Santo.

Y ahí tienes en tus manos la Biblia, la Palabra de Dios. Ella nos da el testimonio de Cristo (Juan 5.39). La fe cristiana viene por medio de la predicación de la Palabra de Dios (Romanos 10.17).

La Palabra de Dios es lámpara a los pies, luz al camino (Salmo 119.105), espada de dos filos (Hebreos 4.12).

Reflexiona

1. ¿Cómo sabemos que es verdad lo estudiado en los ocho capítulos que hemos visto?

   _____
   _____
   _____
   _____

2. ¿Cómo sabremos si es verdad lo que vamos a estudiar en los próximos capítulos?

   _____
   _____
   _____
   _____

3. ¿Qué es la Biblia?

   _____
   _____
   _____
   _____

4. ¿Tú lees la Biblia todos los días?
   Sí ☐ No ☐ Explica.

   _____
   _____
   _____

5. ¿Crees que es bueno tener una devoción bíblica familiar diaria?

   Sí ☐ No ☐ Explica.

   _____
   _____
   _____
   _____

6. ¿Por qué es necesaria la Biblia?

   _____
   _____
   _____
   _____

7. ¿Para qué es la Biblia?

   _____
   _____
   _____
   _____

8. ¿Cómo se escribió la Biblia?

   _____
   _____
   _____
   _____
   _____
   _____

9. ¿Cuándo fueron escritas las Sagradas Escrituras?

_____

_____

_____

_____

10. ¿Dónde se escribió la Biblia?

_____

_____

_____

_____

11. ¿Aprendiste de memoria 2ª a Timoteo 3.16?

Sí ☐ *No* ☐

9

La vida cristiana
Medios de crecimiento espiritual

*Buscad, pues, primeramente el reino
y la justicia de Él,
y todas estas cosas os serán añadidas*
(Mateo 6.33).

En el momento cuando el pecador reconoce su pecado, oye la voz de Cristo, y entra por la Puerta de salvación, tiene vida eterna (Juan 5.24). En ese momento comienza una vida nueva en Cristo, que se prolongará por toda la eternidad.

Mientras esté en este mundo, tiene que aprovechar todos los medios posibles para vivir de una manera cristiana de acuerdo con la voluntad de Dios, para seguir creciendo en lo espiritual y prepararse para vivir con Dios eternamente.

Hay algunos medios precisos para ese crecimiento y para esa preparación. Los podemos reducir a cuatro.

I. La lectura devota de la Palabra de Dios

La Palabra de Dios es el pan espiritual para nuestras almas.

Cuando Cristo fue bautizado, el Espíritu lo llevó al desierto para ser tentado por el diablo. Habiendo ayunado durante cuarenta días y cuarenta noches, le sobrevino hambre. Llegó, entonces, el tentador a sugerirle que convirtiera las piedras en pan. El Señor contestó:

Escrito está: No sólo de pan vivirá el hombre, sino de toda palabra que sale de la boca de Dios (Mateo 4.4).

Todos sabemos que el cuerpo necesita el alimento diario para subsistir. Si dejamos de ingerir el alimento necesario, nos viene la enfermedad y luego la muerte.

Parecidamente, el alma necesita alimentos. Pero el alimento material no alimenta el alma. Esta necesita pan espiritual. La Palabra de Dios es ese alimento espiritual para el alma que ha recibido la salvación en Cristo.

Por ello, es indispensable que todo creyente en Cristo, aparte todos los días, un tiempo definido para la lectura devota de la Palabra. Esta es una lectura detenida, con meditación, con entendimiento.

Cuando este tiempo se puede apartar por las mañanas, hay ventajas. Entre ellas, la de poder poner en práctica durante el resto del día lo que se ha aprendido en la hora devota de la mañana.

Se debe seguir un método determinado para estas lecturas, y no escoger porciones al azar. Hay que escoger algún libro bíblico interesante, y leerlo en el orden en que está escrito.

Es mejor no leer largas porciones, sino pequeños trozos que el lector pueda asimilar. Si es necesario, conviene repetir la lectura hasta llegar a entender su contenido y sacar provecho para la vida espiritual.

No se debe confundir esta comida espiritual con la devoción familiar, en la cual se lee la Palabra de Dios con toda la familia. Esta es también una práctica imprescindible en la familia cristiana.

II. La oración

Este es uno de los medios más extraordinarios para la estabilidad, el crecimiento y el poder en la vida espiritual.

El cielo y la tierra con todos sus recursos están en manos del creyente en Cristo mediante la oración, siempre que las peticiones estén de acuerdo con los planes del Señor para el que pide y para la extensión de su reino.

La oración es el acto por medio del cual el hijo de Dios se pone en comunicación directa con su Padre celestial, por medio de Cristo.

En esta comunicación suceden tres hechos importantes:

- El hijo, que es el redimido, le presenta al Padre todos sus problemas, sus luchas, sus dificultades, sus éxitos y sus más profundos deseos, en el nombre de Cristo.

- El Espíritu Santo toma todo eso y clama al Padre celestial con gemidos indecibles, a favor del cristiano (Romanos 8.26). El Espíritu Santo es nuestro Ayudador, nuestro Socio en la oración.

- Dios Padre, que escucha y contesta la oración (1º de Reyes 9.3), se complace en conceder todo aquello que esté conforme a su voluntad (1ª de Juan 5.14).

La oración ejercita la fe (Jacobo = Santiago 1.6; Marcos 11.24).

En verdad nosotros no sabemos pedir lo conveniente, pero lo importante es que debemos pedir (Lucas 11.9; Romanos 8.26).

Cuando uno va a orar, debe perdonar a todos los que lo han ofendido (Marcos 11.25, 26).

Solamente se ora al Padre celestial (Mateo 6.9).

Toda oración debe hacerse en el nombre de Cristo (Juan 14.13).

El que ora debe estar en plena comunión con el Señor (Juan 15.7).

Se debe orar sin cesar (1ª los Tesalonicenses 5.17).

Cuando un hijo de Dios no tiene lo que desea, es porque no pide (Jacobo = Santiago 4.2). Si pide y no recibe, es porque pide mal (Jacobo = Santiago 4.3).

Se debe orar por sí mismo y por los demás hijos de Dios, especialmente por los siervos del Señor (Efesios 6.18,19).

Se debe orar por las autoridades (1ª a Timoteo 2.1, 2).

La oración tiene la ventaja de que se puede elevar al Señor en cualquier lugar y en cualquier situación en que nos encontremos.

Acostumbramos orar con los ojos cerrados, pero cuando esto no sea posible, no es necesario. Se puede orar en cualquier posición. Podemos orar de rodillas, sentados, de pie, acostados, caminando, o de cualquier manera. Lo que importa es la actitud del corazón.

III. El testimonio acerca de Cristo

Todo fiel seguidor de Cristo debe dar a otros el testimonio de su Señor, es decir, contarles lo que Cristo hizo en la vida propia.

Cuando Cristo terminó su obra redentora, ascendió a la diestra del Padre; pero Él había venido a buscar un pueblo escogido de toda tribu, y de toda lengua, y de toda nación, al cual llamó Iglesia. Cuando Él ascendió al cielo, ni siquiera había llegado el Evangelio a todos los confines de Palestina.

Entonces, ¿cómo podía cumplirse el propósito de su venida a este mundo?

Un predicador tuvo un sueño según el cual vio a Cristo cuando llegó, después de la resurrección, a las puertas del palacio celestial. El portero le pregunta con mil reverencias si ya había realizado el plan de formar un pueblo para su gloria. El Señor contestó que la redención la había consumado, pero que el pueblo escogido apenas había comenzado a formarse.

—Entonces, ¿cómo llegará tu mensaje hasta lo último de la tierra?

—Mis seguidores irán por todo el mundo, y predicarán el Evangelio a toda criatura, y me serán testigos en todas partes (Mateo 28.19, 20; Hechos 1.8).

—Y... ¿no tienes otro plan por si acaso ellos fracasan en esta comisión?

—¡No tengo otro plan! —contestó Cristo.

El plan de Cristo consiste en que todo el que obtiene la salvación dé el testimonio del Evangelio a los demás.

Así hicieron los apóstoles; así hicieron los primeros discípulos; así hicieron los cristianos de la iglesia primitiva, así llegó el Evangelio a nosotros; así tiene que llegar hasta lo último de la tierra.

Hay varias ventajas para el cristiano cuando da el testimonio de Cristo. Enumeremos algunas:

- Cuando damos el testimonio de Cristo, se cumple la voluntad de nuestro Señor (Mateo 28.19, 20).
- Es una buena forma de ejercitar nuestra fe. Lo que no eres capaz de decir es probable que tampoco lo creas. Cuando explicas lo que Cristo ha hecho en tu propia vida, sientes que debes vivir tal como entiendes y explicas el mensaje.

- Por medio del testimonio se salvan los pecadores en la misma forma como encontraste la salvación (Romanos 10.17).

- Dios tiene premios especiales para sus hijos por las almas que ganen para el reino de los cielos, mediante el testimonio personal. Los hermanos filipenses, por ejemplo, eran las estrellas de la corona del apóstol Pablo (Filipenses 4.1).

- En el plan total del Señor, según el cual Cristo vendrá otra vez a llevar a su pueblo, está incluido el testimonio cristiano, pues Él vendrá cuando su Evangelio se haya predicado a todas las naciones (Mateo 24.14). (Todo lo relacionado con estos eventos finales lo estudiaremos en el último capítulo.)

IV. La concurrencia a la reunión cristiana

No abandonando nuestra propia asamblea, como algunos tienen por costumbre, sino exhortándonos, y tanto más, cuanto veis que aquel día se acerca (Hebreos 10.25).

El mensaje del Señor Jesucristo va directamente al individuo; pero tan pronto como el individuo encuentra la salvación, el Señor quiere que se congregue con los demás redimidos, para que se estimulen mutuamente en lo espiritual y para que conjuntamente lleven adelante la obra de Cristo.

Al grupo de redimidos por la sangre de Cristo, el mismo Señor le dio el nombre de Iglesia. La Iglesia de Cristo está compuesta por todos aquellos que han sido salvos por la gracia de Dios en el mundo entero. Lo relativo a este organismo lo vamos a estudiar en el capítulo XII.

Estos estudios bíblicos están patrocinados por la Iglesia.

Esta Iglesia trabaja para que se funden otras.

Es un deber de todo cristiano asistir a los servicios y demás actividades específicas de su iglesia.

En el culto cristiano recibes edificación espiritual y conocimiento más profundo de la Palabra de Dios. Además, tienes comunión con todos los redimidos por Cristo. No olvides que "en la unión está la fuerza". Allí tienes comunión con Dios en compañía de los salvos.

En las demás reuniones de la Iglesia, haces planes, junto con los otros hermanos en la fe, para llevar hacia adelante la obra de Cristo.

En la reunión con los hermanos, comprendes que eres miembro de la gran familia que el apóstol Pedro define de la siguiente manera:

> *Pero vosotros sois linaje escogido, sacerdocio real, nación santa, pueblo por posesión, para que proclaméis las proezas del que os llamó de las tinieblas a su luz admirable* (1ª de Pedro 2.9).

Reflexiona

1. ¿Cuáles son los medios de crecimiento espiritual?

   _____
   _____
   _____
   _____
   _____

2. ¿Qué busca primeramente el cristiano?

   _____
   _____
   _____

3. ¿Cómo dice el versículo que aprendiste de memoria?

   _____
   _____

4. ¿Cómo debes leer la Palabra de Dios?

   _____
   _____
   _____
   _____
   _____

5. ¿Qué es la oración?

   _____
   _____
   _____

6. ¿A quién debes orar?

7. ¿Por quién debes orar?

8. ¿Has dado el testimonio de Cristo a otros?
   Sí ☐ No ☐ Explica.

9. Enumera algunas ventajas de dar el testimonio de Cristo.

10. ¿Crees que es bueno asistir al servicio cristiano?

   Sí ☐ No ☐ Explica.

   _____
   _____
   _____
   _____

10

Dos naturalezas
Viejo hombre y nuevo hombre

De modo que si alguno es nueva criatura en Cristo, las cosas viejas pasaron; he aquí, son hechas nuevas
(2ª a los Corintios 5.17).

Te habrás dado cuenta de que en tu interior se libra continuamente una lucha.

Quieres dedicar más tiempo a la oración, pero te dominan los afanes de la vida; quieres leer la Palabra de Dios tal como lo hemos estudiado, pero siempre se te presentan inconvenientes; quieres no irritarte, pero en cualquier momento te dejas dominar por la ira; quieres no gritar a nadie, pero en la hora menos pensada lo haces; quieres dominar completamente todos los vicios y las pasiones de la vida antigua, pero a cada paso recibes un asalto de ellos que casi te derrota.

Todo eso les sucede a todos los cristianos. No estás solo.

Cristo mismo les dijo a sus discípulos en el huerto de Getsemaní:

. . . el espíritu está dispuesto, pero la carne es débil (Mateo 26.41).

Pablo llama a la actitud de la carne *viejo hombre*, y a la actitud del espíritu, *nuevo hombre* (Efesios 4.22-24).

Y nos enseña que debemos despojarnos del viejo hombre y vestirnos del nuevo. El primero está viciado conforme a los deseos engañosos; el segundo es creado según Dios en la justicia y santidad de la verdad.

Esta lucha entre la naturaleza vieja y la nueva es sin cuartel. El apóstol Pablo nos presenta un cuadro de su propia vida en este aspecto, en la Epístola a los Romanos, capítulo siete, versículos 15 al 25. (Esta porción merece que la leas detenidamente.)

En resumen lo que hace es presentarnos tres cuestiones importantes.

I. La carne siempre busca el mal (Romanos 7.18).

Si el cristiano satisface todos los deseos de la carne, como natural consecuencia lo domina la vida vieja, el viejo hombre.

El cristiano no debe satisfacer los deseos de la carne (Gálatas 5.16). Es necesario hacer morir las obras de la carne por medio de la obra del Espíritu Santo (Romanos 8.12,13).

En tal sentido, este hecho hace que los cristianos, se dividan en dos clases: cristianos espirituales, los que se dejan guiar por el Espíritu de Dios; y cristianos carnales, los que complacen los deseos de la carne (Romanos 8.5).

El cristiano en el cual predomina la carne manifiesta las obras de la carne (Gálatas 5.19-21).

II. El espíritu del creyente en Cristo siempre busca las cosas de Dios (Romanos 7.22).

> *Bendice alma mía a YHVH,*
> *Y bendiga todo mi ser su santo Nombre.*
> *Bendice alma mía a YHVH,*
> *Y no olvides ninguno de sus beneficios*
> (Salmo 103.1, 2).

Esta debe ser la expresión y el profundo deseo de todo hijo de Dios.

Esta verdad también la expresa Pablo, en forma muy gráfica, en Gálatas 2.19, 20:

> *Con Cristo estoy juntamente crucificado, y ya no vivo yo, sino que Cristo vive en mí; y lo que ahora vivo en la carne, lo vivo en la fe del Hijo de Dios, quien me amó, y se entregó a Sí mismo por mí.*

En este momento, en Pablo está predominando el espíritu, porque se deja guiar por el Espíritu Santo. Pero el mismo Pablo confiesa en Romanos 7.22 – 25, que hay momentos cuando en él predomina la ley del pecado.

El cristiano en el cual predomina el espíritu manifiesta el fruto del Espíritu Santo (Gálatas 5.22-25).

III. El triunfo del Espíritu sobre la carne se produce mediante Jesucristo (Romanos 7.24, 25).

Pablo llegó a sentirse miserable, y llama a esta situación *"este cuerpo de muerte"*. Inmediatamente aflora en sus labios el gran grito de victoria:

¡Gracias sean dadas a Dios por Jesucristo nuestro Señor!

Sólo mediante el rendimiento incondicional del creyente a Cristo, por medio del Espíritu Santo, puede lograrse el triunfo del nuevo hombre, triunfo que le es necesario al cristiano día tras día, hasta el momento cuando parta de este mundo para ir a estar eternamente en la presencia de su Señor.

Ahora bien, para que este triunfo se obtenga, según el versículo que hemos aprendido de memoria, es indispensable estar en Cristo. La Biblia dice:

Ahora, pues, ninguna condenación hay para los que están en Cristo Jesús (Romanos 8.1).

Esto de estar en Cristo es una condición que Cristo mismo se la explicó a sus discípulos por medio de una alegoría en el capítulo 15 del Evangelio de Juan.

Según dicha alegoría, Cristo es la Vid, el Padre Celestial es el Labrador, los creyentes en Cristo son las ramas de la vid (pámpanos). Entonces procede a decir:

Permaneced en Mí, y Yo en vosotros. Como el pámpano no puede llevar fruto por sí mismo si no permanece en la vid, así tampoco vosotros, si no permanecéis en Mí.

Para estar en Cristo, para permanecer en Él, es indispensable recibir la savia de Él, que es la Vid. Para ello hay que acudir a la lectura de la Biblia, a la oración y a la reunión cristiana. En estos medios encontramos la savia espiritual.

Reflexiona

1. ¿Qué dice 2ª a los Corintios 5.17?
   _____
   _____
   _____
   _____

2. ¿Ya eres perfecto como cristiano?
   Sí ☐ No ☐ Explica.
   _____
   _____
   _____
   _____

3. ¿Cómo se llama la actitud de la carne?
   _____
   _____

4. ¿Cómo se llama la actitud del espíritu?
   _____
   _____

5. ¿Qué busca siempre la carne?
   _____
   _____
   _____
   _____

6. ¿Qué busca siempre el espíritu?

   _____

   _____

7. ¿Quién debe triunfar en esta lucha?

   _____

   _____

8. ¿Qué es necesario para obtener ese triunfo?

   _____

   _____

11

La conducta cristiana
Testimonio vivo del creyente en Cristo

*Así que, hermanos,
os exhorto por las misericordias de Dios
a que presentéis vuestros cuerpos
como sacrificio vivo, santo, agradable a Dios,
que es vuestro servicio racional*
(Romanos 12.1).

Como resultado de la lucha interna entre las dos naturalezas, y del triunfo que el nuevo hombre debe tener necesariamente en el cristiano, como consecuencia natural del aprovechamiento de los medios de crecimiento espiritual, se debe manifestar externamente en el cristiano, una manera de vivir que sirva como testimonio viviente de la obra de Cristo en su vida.

Ese modo de vida se caracteriza por una conducta opuesta a las prácticas pecaminosas del inconverso.

Dicho en palabras del versículo que hemos aprendido de memoria, el creyente en Cristo vive en sacrificio vivo, santo, agradable a Dios, de tal forma que su vida represente un servicio racional a Dios.

El testimonio vivo lo podemos resumir en las siguientes manifestaciones:

I. Un vocabulario especial

El cristiano habla *"conforme a los oráculos de Dios"* (1^a de Pedro 4.11). Hay un vocabulario especial para el redimido (Efesios 4.29).

Ya no habla como hablaba antes de obtener la salvación en Cristo. Todas las palabras torpes, las llamadas groserías, los términos inmorales, se ausentan de su conversación. El cristiano es una nueva criatura; tiene un nuevo vocabulario.

El mundo comienza a darse cuenta de que es cristiano al oír su forma de hablar.

II. El apego a la verdad

El cristiano dice la verdad (Efesios 4.25).

Una de las características más sobresalientes de la vida antigua era la mentira. Un inconverso dice mentiras por el solo gusto de decirlas.

Desde la niñez aprende a ser mentiroso con el consentimiento de los padres. Un niño, por ejemplo, trata de hurtarle a la madre un poco de la crema para la torta que ella ha estado preparando. En la acción, se le caen algunos platos y los parte. La madre llega corriendo y le pregunta qué pasó. El niño contesta: "Se partieron los platos."

No fue él quien los quebró; ellos solos se partieron. Tal vez la madre lo castigue o lo reprenda fuertemente por haberlos quebrado; pero no por la mentira, pues esta forma de defensa está implícita en el lenguaje. Esa es la manera de expresarse en un caso como estos: "Se quebraron los platos."

Es natural que en el impío haya tal manera de mentir, pues la Biblia dice que el príncipe de este siglo, bajo cuyo dominio se encuentran los impíos, *"es un mentiroso"* y padre de mentira (Juan 8.44).

El cristiano tiene que vencer, con la ayuda de Dios, el impulso a mentir. La ausencia de la mentira le dice también al mundo que eres una nueva criatura.

III. Abandono de los vicios

El cristiano abandona todos los vicios, y en su lugar coloca actividades espirituales (Efesios 4.22-24).

Son muchos los vicios que practican los pecadores antes de recibir la salvación en Cristo. Algunos los practican todos; otros practican algunos, de acuerdo *"a la antigua manera de vivir"*.

Aquí entendemos por vicio la tendencia acostumbrada a lo malo y el libertinaje licencioso. Los vicios más comunes son: la fornicación, la embriaguez, el consumo de narcóticos, los juegos de azar y la asistencia a funciones inmorales en cines, casetas y otros sitios.

Cuando el pecador entra por la Puerta de Salvación, lo mueve la fe en Dios, la cual le produce arrepentimiento. El arrepentimiento y la fe siempre van juntos en el momento de actuar el hombre de acuerdo con los planes de Dios.

Cuando Cristo comenzó su ministerio de predicación, dijo:

> *¡El tiempo se ha cumplido y el reino de Dios se ha acercado! ¡Arrepentíos, y creed en el Evangelio! (Marcos 1.15)*

El arrepentimiento produce un cambio total en el hombre. Éste da media vuelta y comienza a andar en sentido contrario.

No es, pues, extraño que la gente no convertida lo llame loco, puesto que se mueve en sentido contrario. Todos los vicios desaparecen. Por eso sus antiguos amigos comienzan a pensar que es una nueva criatura.

IV. Abominación de las supersticiones

El cristiano abomina las supersticiones (Hechos 19.18-20). La vida antigua estaba cargada de creencias erróneas, extrañas a la verdadera fe. Antes de la conversión le tenías sospechas al día martes, al número 13, a que se volteara un salero, al aullido de los perros, a una mariposa grande y negra, a "la llorona" y a mil cosas más. Portabas amuletos; creías en las brujas, en los adivinos de la suerte, en los mediums del espiritismo, en el "mal de ojo" y en no sé cuántas otras supersticiones.

Ahora toda se ha cambiado. Tu confianza está en el Señor, y no le temes a nada que no sea al pecado y a las amenazas del hombre viejo. Pero esos temores los disipa el amor de Dios (1ª de Juan 4:18).

V. Pago de cuentas pendientes

El cristiano evangélico no le debe a nadie nada (Romanos 13.7, 8).

Es decir, en cuanto a dinero, no tiene deudas morosas por las cuales pudieran enjuiciarlo los inconversos. Esto serviría de mal testimonio para el Evangelio.

Cosa distinta son las deudas comerciales. En este sentido, el cristiano evangélico cumple los convenios establecidos. Tampoco debe impuestos, ni derechos, ni respeto, ni honra a nadie.

El cristiano no evade, pues, los impuestos, ni porta mercancías de contrabando, ni cosas semejantes.

VI. Sometimiento a las autoridades

El cristiano se somete a las autoridades (Romanos 13.1, 2). Esto significa que obedecemos las leyes de la nación en que nos encontramos; que no nos oponemos al servicio militar ni al cumplimiento de los deberes patrios; que obedecemos los códigos civiles y los reglamentos legales.

Puede suceder, por ejemplo, que algún cristiano se vea envuelto en un accidente de tránsito con su propio vehículo; pero nunca debe suceder tal acontecimiento porque el cristiano estaba infringiendo las normas del tránsito. Cuando la culpa del accidente recae sobre otros, debe manifestarse el carácter cristiano en el momento del reclamo.

El cristiano ha de ser justo y manso, sin dejar de ser enérgico en el reclamo de sus derechos. Si es el cristiano el que comete la falta, debe con amabilidad y cortesía ofrecer que va a resarcir los daños de la mejor manera posible.

VII. Apartamiento de la idolatría

El creyente en Cristo abandona la idolatría (Juan 4.24). La adoración a los ídolos es muy característica del que no ha recibido la salvación en Cristo. En ello entran escapularios, medallas con imágenes de los llamados "santos", estatuillas, velas para alumbrar imágenes y cosas de ese estilo.

El que se allega a Jesucristo, como por milagro, pierde la devoción a estas cosas y, como María de Betania, se rinde completamente a su Señor; para adorarlo, para contarle toda penuria, para pedirle cuanto necesita *"en Espíritu y en verdad".*

Por esta razón, también se cambia el aspecto del hogar; donde antes estaban los ídolos, ahora pueden estar algunos paisajes de la creación de Dios, o textos escogidos de la Palabra de Dios.

Pero ídolo es todo aquello a lo cual prestamos más atención que a nuestro Señor; a lo cual casi le rendimos la adoración que le corresponde a nuestro Salvador.

De este modo, pueden convertirse en ídolos: el dinero, el trabajo, los familiares, las empresas y hasta la búsqueda del propio bienestar.

Los cristianos tenemos un mandamiento bíblico al respecto:

Hijitos, guardaos de los ídolos (1ª de Juan 5.21).

Para que el testimonio vivo del cristiano llegue a ser efectivo en todo sentido, es imprescindible que él esté en Cristo; que lea devotamente todos los días la Palabra de Dios; que frecuente la reunión de los redimidos.

Reflexiona

1. ¿Hay un vocabulario especial para el cristiano?
   Sí ☐ No ☐ Explica.

   _____
   _____
   _____

2. ¿Se debe decir siempre la verdad?
   Sí ☐ No ☐ Explica.

   _____
   _____
   _____

3. ¿Practicas aún algún vicio?
   Sí ☐ No ☐ Explica.

   _____
   _____
   _____

4. ¿Crees en las supersticiones?
   Sí ☐ No ☐ Explica.

   _____
   _____
   _____
   _____

5. ¿Tienes pendiente alguna cuenta morosa?

   Sí ☐ No ☐ Explica.

6. ¿Debemos obedecer a las autoridades?

   Sí ☐ No ☐ Explica.

7. ¿Tienes algún ídolo en tu casa, o en el cuello, o en otra parte?

   Sí ☐ No ☐ Explica.

12

La Iglesia

Sociedad de redimidos

*Sobre esta roca edificaré mi Iglesia, y
las puertas del Hades no prevalecerán contra ella*
(Mateo 16.18).

En el versículo que hemos aprendido de memoria, Jesucristo le dijo a Simón Pedro que, sobre la roca de la fe en que Jesús es *"el Cristo, el Hijo de Dios viviente"* (véase el versículo 16), Él iba a edificar su Iglesia.

Ahora bien: ¿Qué es la Iglesia? ¿Cuáles son sus objetivos? ¿Cuál su organización?

Todos los que han oído el llamamiento de Dios, y han entrado por la Puerta de salvación, los que han aceptado la obra redentora de Cristo, los que tienen al Espíritu Santo como sello en sus vidas, son los llamados.

Todos recibieron la invitación del Señor, pero sólo a los que aceptaron se les da el nombre de *llamados*. De este mismo verbo *llamar*, en griego, viene la palabra *iglesia*, que significa el grupo de los llamados.

El hecho de que Jesucristo dijo: *mi iglesia*, permite entender que había otras asambleas de llamados con diversos propósitos. Los israelitas, por ejemplo, eran también una iglesia de Jehová.

La Iglesia de Cristo es, pues, la asamblea de los llamados, la sociedad de redimidos por la preciosa sangre de Cristo.

I. Significado de la palabra *iglesia* en el Nuevo Pacto

Esta palabra tiene varios significados desde el principio.

A. Iglesia universal

La palabra se aplica primeramente a toda la congregación universal de redimidos. Cuando Cristo dijo: *"edificaré mi iglesia"*, se estaba refiriendo a la Iglesia universal. Debemos aclarar algunas cosas a este respecto.

Primera:

Tú, que ya entraste por la Puerta de salvación, y eres salvo, ya eres miembro de la Iglesia universal de Cristo. Esa condición la adquiriste desde el momento en que decidiste entrar.

Segunda:

Hay una Iglesia de Cristo, que es invisible y se compone de todos los cristianos verdaderos sin distingos denominativos.

Tal vez hayas oído decir que, entre los seguidores del Evangelio de Cristo, hay bautistas, metodistas, presbiterianos, independientes, pentecostales, wesleyanos, menonitas, luteranos y otros. ¿Cuáles de todos estos son la verdadera Iglesia de Cristo?

En todas esas denominaciones hay algunos que son verdaderos cristianos y otros que sólo profesan serlo. Unos y otros se reúnen y trabajan juntos. Todos constituyen la iglesia visible. Pero la verdadera Iglesia invisible de Cristo la componen los verdaderos cristianos que están en todas esas organizaciones.

Quizás preguntes: ¿Y por qué no purificamos la Iglesia, para que queden solamente los verdaderos?

En una parábola de nuestro Señor, que la encontramos en Mateo 13.24-30 (lee esta porción), los siervos de un señor le preguntan con respecto a la cizaña que ha crecido entre el trigo:

> ¿Quieres, pues, que vayamos y la recojamos? Pero él dice: No, no sea que recogiendo la cizaña arranquéis con ella el trigo.
>
> Dejad crecer juntamente lo uno y lo otro hasta la siega, y en tiempo de la siega diré a los segadores: Recoged primero la cizaña y atadla en manojos para quemarla totalmente, pero el trigo reunidlo en mi granero.

Cristo había dicho al principio que el Reino de los Cielos es semejante a esa parábola. Así que habrá trigo y cizaña hasta la siega final.

Tercera:

Los que constituyen la verdadera Iglesia están inscritos en el Libro de la Vida, pero no todos están inscritos en los libros de registro de las iglesias aquí en la tierra.

Algunos todavía no son miembros en este mundo, porque la iglesia local prefiere instruirlos y bautizarlos antes de inscribirlos.

B. Grupo de iglesias locales

También se refiere la palabra *iglesia* a todos los redimidos que están en alguna ciudad o región (Hechos 11.22; 13.1).

Todas las observaciones que hemos hecho al hablar de la Iglesia invisible de Cristo, se aplican también en este caso.

Hay epístolas en el Nuevo Pacto que fueron dirigidas a alguna región donde había varias iglesias locales. Tal, por ejemplo, es la epístola a los hermanos de Galacia.

C. Iglesia local

La misma palabra se utiliza para designar a la iglesia local, es decir, a cualquier grupo de redimidos que se ponen de acuerdo para formar una asamblea.

Como la iglesia local es una sociedad, es indispensable que tenga una organización. Cristo la estableció, más bien, como un organismo.

Una organización es un conjunto de partes que se ponen de acuerdo para fines determinados; un organismo es viviente.

El cuerpo humano es un organismo. Así es la Iglesia de Cristo. La iglesia local debe ser un organismo vivo, activo y consagrado al Señor.

II. Propósito de la iglesia

Nuestro Señor nunca hace planes, ni establece instituciones sin propósito alguno.

Para cada parte de su creación se nota que hay objetivos determinados. La Iglesia también los tiene.

A. Lucha contra el maligno

En el versículo de Mateo, Cristo dejó entender que la unión de los redimidos es con la finalidad de formar un ejército que lucha contra las fortalezas del diablo, y que, en vez de estar en la defensiva, debe estar en actitud de ofensiva.

El Señor prometió que *"las puertas del Hades no prevalecerán contra ella".*

Los inspirados autores del Nuevo Pacto comprendieron esta gran verdad. Pablo aconseja a su discípulo Timoteo: *"Pelea la buena batalla de la fe"* (1ª a Timoteo 6.12).

Con respecto a la Iglesia, dice:

Porque no tenemos lucha contra sangre y carne, sino contra los principados, contra las potestades, contra los gobernadores del mundo de las tinieblas, contra las huestes espirituales de maldad en las regiones celestes.

Por tanto, tomad la armadura completa de Dios (Efesios 6.12, 13). (Lee hasta el versículo 17).

Cuando este autor se acerca al fin de su vida, escribe decidido:

He peleado la buena batalla, he acabado la carrera, he guardado la fe (2ª a Timoteo 4.7).

B. Cuerpo de Cristo

También enseñan las Sagradas Escrituras que la Iglesia tiene como propósito el de ser Cuerpo de Cristo, del cual Él es la cabeza (Colosenses 1.18).

Somos, pues, las manos compasivas de nuestro Señor, sus incansables pies para llevar el bien a cualquier parte, su corazón quebrantado por los tristes, su boca para proclamar el mensaje del Evangelio, sus ojos para ver las necesidades espirituales del mundo perdido, sus oídos para oír el clamor de los necesitados.

Por medio de nosotros, Cristo continúa su ministerio terrenal hasta su segunda venida.

C. Esposa de Cristo

En el Nuevo Pacto, aparece la Iglesia en una magnífica alegoría (Efesios 5.25-27). Es la novia que está preparándose, santificándose, vistiéndose de vestiduras blancas, para encontrarse un día con su Esposo prometido, el Señor Jesucristo, y celebrar con Él las bodas del Cordero (Apocalipsis 19.7).

El simbolismo temporal representa, por una parte, el propósito de la Iglesia en este mundo: prepararse para el encuentro con el Esposo. Representa, por otra parte, los preparativos, los arreglos que el Señor está haciendo para sus seguidores en las mansiones celestiales.

Además, representa la unión espiritual indisoluble entre el Señor Jesucristo y su pueblo por toda la eternidad.

¡Qué maravillosos propósitos tiene la Iglesia! ¡Qué abundante ha sido la gracia de Dios, al permitir que tú y yo seamos miembros de esa Iglesia!

D. Misión evangelizadora

Cuando Cristo les prometió a los discípulos la fundación de la Iglesia en forma definitiva, les indicó a la vez la promesa y uno de los propósitos primordiales para ella. Así les dijo:

> Pero recibiréis poder cuando venga sobre vosotros el Espíritu Santo, y me seréis testigos en Jerusalem, en toda Judea y Samaria, y hasta lo último de la tierra (Hechos 1.8).

La tarea suprema de la Iglesia es, pues, la evangelización del mundo. Este asunto es tan importante que lo vamos a estudiar separadamente en el capítulo 14.

III. Organización de la Iglesia

El Señor no dejó instrucciones precisas sobre cómo organizar la Iglesia. Solamente dijo que era Iglesia, es decir, asamblea de llamados, lo cual implica alguna clase de organización, una lista de miembros de alguna naturaleza.

Desde el principio, y a través de los siglos, los redimidos se han organizado de diversas maneras. Todas tienen sus ventajas y sus desventajas. Lo importante es que Cristo sea siempre la Cabeza y que cada iglesia tenga siempre los mismos fines.

Según los ejemplos que encontramos en el Nuevo Pacto, los grupos de redimidos se organizaban localmente y mantenían relaciones fraternales con otros grupos de la misma índole.

En este asunto, el pastor, o el maestro de la clase de catecúmenos, queda en libertad de explicar a los alumnos la organización de su propia iglesia y las relaciones que mantiene con otras.

En general, las iglesias locales eligen o nombran a uno que las presida. Este recibe el título de pastor, anciano, hermano mayor o presbítero. Su nombramiento se hace de acuerdo con las costumbres, los reglamentos y los estatutos de la asamblea local. Este dirigente es el guía espiritual del grupo y actúa conforme a los estatutos de esa iglesia.

Algunas iglesias nombran también ancianos para que le ayuden al pastor, diáconos y diaconisas para el servicio de la iglesia, secretarios, tesorero, director para la Educación Cristiana y cuantos funcionarios sean indispensables para la buena marcha de la asamblea.

Si no has sido bautizado, cuando logres eso, la iglesia en la cual te congregas te dará instrucciones sobre como ser miembro de ella y participar en sus ministerios. Tu deber será el de cumplir eficazmente el servicio que la asamblea de redimidos te encomiende.

Cristo dejó dos ordenanzas a su Iglesia: el bautismo y la Cena del Señor. De estas trataremos en el capítulo 13. Todo fiel cristiano cumple estrictamente estas ordenanzas.

La iglesia también realiza asambleas deliberativas, ya sea de todos sus miembros o de los funcionarios, según lo tenga establecido en sus estatutos. Tendrás el deber de cumplir puntualmente con la asistencia a dichas reuniones según el caso lo requiera.

Para adorar y servir al Señor, la iglesia efectúa reuniones de servicio o culto a Dios, para estudiar su Palabra y proclamar su mensaje. Todo cristiano tiene el privilegio de asistir a tantos servicios cuantos pueda. También tiene el privilegio de colaborar en cuanto le sea posible.

Para los gastos de mantenimiento de la iglesia local, y para la proclamación del Evangelio, la iglesia utiliza las ofrendas voluntarias que los hermanos dan.

Cada uno dé como se propuso en su corazón; no con tristeza o por obligación, porque Dios ama al dador alegre (2ª a los Corintios 9.7).

Algunas iglesias practican el diezmo, tal como lo hacía Israel. Realmente se practicó antes de existir el pueblo de Israel (Génesis 14.18-20).

Las ofrendas son de origen cristiano. Los hermanos de las iglesias, al principio, daban para los necesitados, para los pobres, para la proclamación del Evangelio. De la misma manera se usan las ofrendas hoy.

Volvemos a recalcar que el carácter específico de la Iglesia de Cristo es la evangelización del mundo. Si la iglesia local no cumple la gran comisión que Cristo le encomendó, no tiene razón de ser. La comisión es ésta:

Id pues, discipulad a todas las gentes, bautizándolos en el nombre del Padre, del Hijo y del Espíritu Santo; enseñándoles a guardar todas las cosas que os mandé.

He aquí Yo estoy con vosotros todos los días hasta el fin de los siglos (Mateo 28.19, 20).

Reflexiona

1. Recita de memoria Mateo 16.8.
2. ¿Eres tú un llamado por Dios?
   Sí ☐ No ☐ Explica.

   _____
   _____
   _____

3. ¿También llamó Dios a tus vecinos?

   _____
   _____

4. ¿Son ellos todos llamados?

   _____
   _____

5. ¿Qué es la Iglesia de Cristo?

   _____
   _____
   _____

6. ¿Qué significa el vocablo *Iglesia*?

   _____
   _____
   _____

7. ¿Cuáles son los propósitos de la Iglesia?

8. ¿Qué le toca a la Iglesia como Cuerpo de Cristo?

9. ¿Cómo es la lucha de la Iglesia?

10. ¿En qué sentido es la Iglesia esposa de Cristo?

11. ¿Cómo está organizada la Iglesia?

12. ¿Deseas ser miembro de la iglesia local?
    Sí ☐ No ☐ Explica.

    _____
    _____
    _____
    _____
    _____
    _____

13

Las ordenanzas del Señor
El bautismo cristiano y la Cena del Señor

> *Id pues, discipulad a todas las gentes,
> bautizándolos en el nombre del Padre,
> del Hijo y del Espíritu Santo*
> (Mateo 28.19).
>
> *Entonces, tan a menudo
> como comáis este pan y bebáis la copa,
> la muerte del Señor proclamáis hasta que venga*
> (1ª a los Corintios 11.26).

Dios quiere que todos los que estamos adentro de la Puerta tengamos un modo especial de ser.

Por ello, para los efectos del culto y del testimonio práctico del cristiano ante el mundo en que vive, el Señor Jesús estableció dos ordenanzas: el Bautismo Cristiano y la Cena del Señor.

Hemos dicho varias veces, y no nos cansamos de repetirlo, que, como carácter fundamental del organismo que Él mismo llamó Iglesia, fijó el evangelismo. Además le estableció una meta hacia la cual marcha: la segunda venida de su Redentor.

En este capítulo estudiaremos lo relativo a las ordenanzas; en el próximo nos dedicaremos al carácter esencial, distintivo de la Iglesia; y en el último nos detendremos a considerar algunos de los impresionantes eventos que nos esperan.

El Bautismo Cristiano y la Cena del Señor son dos ordenanzas de nuestro Redentor.

Algunos las llaman *sacramentos*. Esta última palabra procede de la Iglesia Católica Romana, la que no solamente se la aplica a estas ordenanzas, sino también a otras prácticas de dicha organización religiosa, como la confirmación, el matrimonio, la confesión, la extremaunción. Preferimos el nombre ordenanzas.

Sacramento es un signo sensible de un efecto interior y espiritual que Dios obra en nuestras almas. Es decir, tiene la virtud de causar efectos espirituales directos.

La palabra *ordenanza* es muy amplia. Cuando se aplica al Bautismo Cristiano y a la Cena del Señor, la entendemos primeramente en el sentido del mandato establecido por nuestro Señor.

También la entendemos como el conjunto de reglas referentes a dichas instituciones.

I. El Bautismo Cristiano

Este es un mandato directo de nuestro Señor Jesucristo. El primero de los versículos que hemos aprendido de memoria nos manda a discipular, es decir, a trabajar para que los impíos lleguen a ser discípulos de Cristo.

El discipulado consiste en enseñar al nuevo convertido todas las cosas que el Señor mandó. El bautismo es parte de ese proceso.

A. El Bautismo Cristiano es una ceremonia formal (Mateo 3.13-17).

Esta ceremonia ha sido característica de la primera venida de nuestro Señor, de su ministerio terrenal y de la Iglesia que fundó.

Antes de la anunciación del ángel Gabriel a la virgen María, ya había habido otra anunciación dirigida a Zacarías y a su esposa Elisabet, mediante la cual se les comunicó que nacería en su hogar el precursor de nuestro Señor Jesucristo. Este fue Juan el Bautista.

Su ministerio consistió en preparar el camino para el Señor, mediante el anuncio del arrepentimiento.

Todo el que se arrepentía debía bautizarse, para dar formalmente un testimonio público de haberse apartado de la vida de rebeldía contra Dios, y de estar dispuesto a recibir al Mesías (Marcos 1.4, 5).

Pero cuando Jesús iba a comenzar su ministerio terrenal, Él mismo se presentó ante Juan el Bautista en el Jordán y le pidió que lo bautizara. Este bautismo no era de arrepentimiento, sino de cumplimiento, de ejemplo (Mateo 3.13-17). Con este acto formal estaba indicando que todos sus seguidores, al iniciarse en los caminos del Evangelio, debían hacer lo mismo.

Jesús no bautizaba a los conversos durante su ministerio terrenal; pero autorizó a los discípulos para que efectuaran esa ceremonia (Juan 4.2).

Después de la resurrección, el Señor dio una gran comisión a sus discípulos:

> Id pues, discipulad a todas las gentes, bautizándolos en el nombre del Padre, del Hijo y del Espíritu Santo (Mateo 28.19).

B. El Bautismo Cristiano es un acto de obediencia (Hechos 2.38).

Para que un pecador sea salvo, le basta entrar por la Puerta de salvación, es decir, recibir la salvación de Cristo. Para Dios eso es suficiente.

Pero el que ha experimentado la salvación, debe dar testimonio público de su fe mediante un acto externo de obediencia. A Dios le complace que sea así para bien de los pecadores.

La fe que ha puesto en Cristo satisface a Dios. El bautismo de obediencia satisface los planes de Dios para los hombres.

La persona que no siente el impulso de ser bautizada, debe examinarse muy bien, pues no hay quien, habiendo entrado por la Puerta, no quiera obedecer. Claro que se pueden presentar algunos inconvenientes de orden humano para el bautismo, pero el sincero deseo de obedecer a su Señor no debe faltar en ningún redimido.

En la Biblia hay ejemplos claros sobre este particular.

Tomemos, por ejemplo, el caso del funcionario de la reina Candace (Hechos 8.26-38). (Lee esta porción completa.)

Tan pronto como el evangelizador personal, llamado Felipe, logró que el tesorero declarara su fe en Jesucristo (véanse los versículos 36,37), al nuevo converso le nació el deseo de ser bautizado; y fue, efectivamente, bautizado ahí mismo, en el desierto. Por eso aparece el bautismo en la fórmula de salvación.

No significa que el bautismo es indispensable para ser salvo, sino que es una consecuencia natural que se manifiesta en el que ha sido salvo.

Podemos resumir el asunto, entonces, así: No nos bautizamos para ser salvos, sino porque somos salvos.

C. El Bautismo es un símbolo sublime (Romanos 6.3, 4).

1. El bautismo cristiano simboliza la muerte con Cristo.

El cristiano muere al pecado. Antes estaba muerto en delitos y pecados (Efesios 2.1); ahora está muerto al pecado, es decir, no es atraído por el pecado.

2. Simboliza, además, la resurrección

La vida del cristiano es completamente nueva. Así como cuando Cristo resucitó de los muertos tenía una apariencia tan distinta que casi no lo podían conocer sus discípulos, así el cristiano cambia tanto que hasta sus antiguos amigos lo desconocen. Esto es lo que llama Pablo *vida nueva*.

Dentro de las iglesias evangélicas se practican diversas formas de ceremonia bautismal. Esto no constituye problema.

Cristo nos ordenó terminantemente que bauticemos al que cree en Él. También dejó dicho que el que va a ser bautizado debe tener la capacidad de creer en el Evangelio.

Además sabemos que el Bautismo Cristiano es en agua.

Pero el Señor no nos dejó una forma explícita. Cualquiera que sea la forma, el significado es el mismo. Lo que sí debe ser siempre igual es la actitud de obediencia y sinceridad delante del Redentor.

La forma que tiene mejor simbolismo gráfico es la inmersión. Representa mejor la muerte con Cristo y la resurrección con Él, según lo que hemos leído en el capítulo seis de la Epístola a los Romanos.

Como vas a ser bautizado por la iglesia local que patrocina estos estudios, conviene que te sujetes a las costumbres y al reglamento que dicha iglesia tenga al respecto. Puedes pedir toda la información que desees al pastor de la iglesia o al maestro que da estas lecciones.

II. La Cena del Señor

Los humanos tenemos la costumbre de escuchar y tratar de poner en práctica lo que nos dicen las personas que están al borde de la muerte física.

A estas palabras las llamamos: última voluntad.

... el Señor Jesús, la noche que era entregado, tomó pan; y habiendo dado gracias, lo partió, y dijo: Esto es mi cuerpo que es por vosotros, haced esto en memoria de Mí.

Asimismo, tomó también la copa, después de haber cenado, diciendo: Esta copa es el Nuevo Pacto en mi sangre. Haced esto, todas las veces que la bebáis, en memoria de Mí.

Entonces, tan a menudo como comáis este pan y bebáis esta copa, la muerte del Señor proclamáis hasta que venga (1ª a los Corintios 11.23-26).

Para nosotros, los que estábamos afuera de la Puerta, que escuchamos la invitación del que tomó el lugar de la espada flameante que oscila, que estábamos muertos en nuestros delitos y pecados, que hemos aprovechado el gran plan de Dios para la salvación del pecador, los que ahora pertenecemos a la Iglesia de Cristo, estas palabras de nuestro Redentor son sumamente significativas.

Son las que establecen la Cena del Señor. Es una ordenanza de mucho valor, excelente simbolismo, y gran propósito.

Tres son los principales propósitos de la celebración de la Cena del Señor.

A. La comunión cristiana

Reunirse a comer es una de las mejores fórmulas de comunión entre los hermanos.

Así que, hermanos míos, cuando os reunís para comer, esperaos unos a otros (1ª a los Corintios 11.33).

En la Cena del Señor hay una comunión biforme: primeramente, con todos los hermanos en la fe de Cristo, que están ahí con el mismo propósito; y luego, con nuestro Señor, quien nos ha invitado a celebrar esta cena hasta que Él venga.

La porción que explica mejor la ordenanza de la Cena del Señor, es 1ª a los Corintios 11.23-34. Por ello, se usa muchas veces como lectura devota en la ceremonia.

La comunión cristiana, según esta porción, debe ponerse de manifiesto en que hay necesidad de un examen personal cada vez que el cristiano se acerca a la mesa sagrada:

Cualquiera que coma el pan o beba la copa del Señor indignamente, será culpado del cuerpo y de la sangre del Señor. Por tanto, pruébese cada uno a sí mismo (1ª a los Corintios 11.27, 28).

Muchas veces resulta que en la prueba, nos hallamos culpables de ofensas a los hermanos, de críticas y murmuraciones. Entonces, es deber del cristiano rogar el perdón o concederlo, según sea el caso, lo cual constituye un gran motivo de comunión (Marcos 11.24, 25).

Resulta mejor cuando todos estos problemas se arreglan antes de la celebración de la Cena del Señor, para que no se presenten dificultades en el mismo momento de la ceremonia.

Así, la Cena del Señor resulta ser un incentivo permanente de comunión y práctica cristiana entre todos los redimidos.

B. Proclamación de la muerte de Cristo

Entonces, tan a menudo como comáis este pan y bebáis la copa, la muerte del Señor proclamáis hasta que venga (1ª a los Corintios 11.26).

Cada vez que nos sentamos a celebrar la sagrada comunión, estamos anunciando objetivamente la muerte de nuestro bendito Redentor.

De este hecho se deducen necesariamente varias conclusiones:

- La Cena del Señor es de carácter obligatorio para todos los que han entrado por la Puerta de salvación, puesto que es su deber proclamar la muerte de Cristo.

- La Cena del Señor no debe celebrarse en privado, sino ante otras personas, pues, de lo contrario, ¿a quién le proclamamos la muerte de Cristo?

- No se deben dejar pasar largos períodos sin realizar la Cena del Señor oficialmente en la iglesia local; porque se pierde la importancia de esta proclamación objetiva.

  Las iglesias difieren en costumbres en cuanto a fecha, hora y frecuencia de esta celebración. Muchas congregaciones la practican todos los domingos. Otras, una vez cada mes, en un día y a una hora cuando les sea conveniente a todos los hermanos.

- Cuando algún hermano reconoce que ha cometido alguna falta que le impide la comunión, no debe retirarse de la mesa del Señor, sino arreglar sus problemas antes de llegar a la ceremonia, y participar en la Cena del Señor (1ª a los Corintios 11:28).

Por tanto, pruébese cada uno a sí mismo y coma así del pan, y beba de la copa (1ª a los Corintios 11.28).

De lo contrario, por su propio capricho y por su propio orgullo, pone a un lado el anuncio de la muerte de Cristo.

C. Anuncio de la segunda venida de Cristo

La muerte del Señor proclamáis hasta que venga (1ª a los Corintios 11.26).

Cada vez que el cristiano participa en la sagrada comunión, está manifestando que es un peregrino aquí; que está esperando el día cuando no haya más Cena del Señor aquí en este mundo de miseria y de dolor; que viene un día cuando tomará parte en la última Cena con el Señor (Mateo 26.29), la cual será la apertura de la comunión eterna, sin dolor ni muerte.

Lo que hemos estudiado es suficiente para que reconozcas que la Cena del Señor no es simplemente una práctica social de la Iglesia.

Porque el que come y bebe sin discernir el cuerpo, juicio come y bebe para sí (1ª a los Corintios 11.29).

Esto trajo como consecuencia, en la iglesia local de Corinto, que algunos cayeran enfermos, padecieran debilidades y llegaran hasta la muerte (véase versículo 30).

Así, pues, desde el día cuando el creyente es bautizado, hasta cuando vaya a vivir con el Salvador, tendrá la Cena del Señor como un altar ante el cual va a rendirse en adoración, con corazón contrito y humillado, ante tu maravilloso Redentor.

Un pedazo de pan nos representa
el cuerpo del bendito Redentor;
la copa, con el jugo de las uvas,
la meritoria sangre del Señor.

Reflexiona

1. ¿Cuáles son las ordenanzas de nuestro Señor?

   _____
   _____
   _____
   _____
   _____
   _____
   _____

2. ¿Qué es un sacramento?

   _____
   _____
   _____
   _____

3. ¿Qué es una ordenanza?

   _____
   _____
   _____
   _____

4. ¿El Bautismo y la Cena del Señor son sacramentos u ordenanzas?

   _____
   _____
   _____

5. ¿Qué es el Bautismo Cristiano?
   _____
   _____
   _____
   _____

6. ¿Tú eres bautizado?
   Sí ☐ No ☐ Explica.
   _____
   _____

7. ¿El Bautismo cristiano le agrega algo a la salvación?
   Sí ☐ No ☐ Explica.
   _____
   _____
   _____

8. ¿Por qué quieres ser bautizado?
   _____
   _____
   _____

9. ¿Nos bautizamos para ser salvos?
   Sí ☐ No ☐ Explica.
   _____
   _____
   _____
   _____

10. ¿Cuál fue la última voluntad de nuestro Señor Jesucristo?

_____
_____
_____
_____

11. ¿Tú quieres ser fiel en la Cena del Señor?

   Sí ☐ No ☐ Explica.

_____
_____
_____

14

Evangelismo
Carácter esencial de la iglesia cristiana

*Toda potestad me ha sido dada
en el cielo y sobre la tierra.
Id pues, discipulad a todas las gentes,
bautizándolos en el nombre del Padre,
del Hijo y del Espíritu Santo; enseñándoles
a guardar todas las cosas que os mandé.
He aquí Yo estoy con vosotros todos los días hasta el fin
de los siglos*
(Mateo 28.18-20).

Este capítulo es la clave para entender globalmente todos los otros capítulos de este libro. Y los demás tienen que conducir necesariamente a éste.

Fíjate bien en lo que hemos estudiado hasta el día de hoy.

I. El evangelismo como explicación de la Puerta

Primero estudiamos a Cristo como Puerta que divide la historia, la humanidad y la eternidad. Pero Él, como Puerta, "*desea que todos los hombres sean salvos y lleguen al pleno conocimiento de la verdad*" (1ª a Timoteo 2.4).

Él está satisfecho por los que han entrado, pero a la vez está permanentemente preocupado por los que están afuera, por los perdidos. Ese es el espíritu de evangelismo, la preocupación misionera que reina en Él.

II. El evangelismo como remedio para el pecado

Luego, estudiamos lo relativo al pecado. El pecado es la causa de que el pecador esté fuera de la Puerta.

Recordemos que, cuando Dios Padre quiso hacer algo a favor de nuestros primeros padres que habían pecado, en medio de la maldición, les dio la primera promesa de redención por medio de la descendencia de la mujer, es decir, Cristo.

Inmediatamente, ese carácter natural en Dios, el del evangelismo, lo llevó a degollar unos corderos para enseñarles simbólicamente que la única forma como quedarían borrados sus pecados para siempre, sería mediante la sangre de Jesucristo.

Estudiamos también el plan de Dios para salvar al pecador. Allí vimos el amor más grande, el Don más grande, el plan más grande, la sencillez más grande y el resultado más grande.

Eso todo constituye el carácter evangélico, que es el evangelismo.

Evangélico es lo relativo al Evangelio, el cual es la doctrina de nuestro Señor Jesucristo.

A los libros que contienen las enseñanzas de nuestro Salvador se los llama globalmente el Evangelio; como fueron escritos por cuatro autores, los llamamos también los cuatro Evangelios: Mateo, Marcos, Lucas y Juan.

Nunca te disgustes, ni te entristezcas porque alguno, en tono despectivo, te llame evangélico. Ese es el honor más grande que puede tener un cristiano.

Lee a Pablo:

Porque no me avergüenzo del Evangelio, porque es poder de Dios para salvación a todo el que cree (Romanos 1.16).

III. El evangelismo, carácter esencial de la Divinidad

En los capítulos cuarto, quinto, sexto y séptimo nos dedicamos a estudiar algo respecto al Creador del plan eterno de la salvación, Dios Padre; del Salvador de los pecadores, Dios Hijo; del Fiel Ejecutor de este plan, Dios Espíritu Santo; y del hecho de que estas tres eternas distinciones en la Divinidad son un Dios trino, una santísima Trinidad.

Como se ve sencillamente, en los títulos que les corresponden, el carácter de las tres eternas Distinciones de la Deidad es el evangelismo, es decir, una tendencia permanente hacia la salvación de los pecadores por medio de la Buena Nueva.

Ese fue el carácter que movió a Dios Padre a formular su plan de salvación, lo cual hizo antes de cualquiera otra cosa (Apocalipsis 13.8; Colosenses 1.15).

Estos dos versículos que acabamos de citar nos dicen mucho del carácter de Dios.

Él es eterno. Cuando, en la eternidad, dispuso la creación, ya sabía que una de sus criaturas angelicales se levantaría, llena de orgullo, contra Él.

También sabía que el hombre, cabeza de la creación terrena, se dejaría llevar por el maligno ángel caído.

Pero, como Dios es, no solamente omnisciente, sino todopoderoso, nada le podía impedir la realización de sus planes eternos. Entonces, ¿qué hizo?

Antes de cualquiera otra cosa, hubo concierto entre el Padre, el Hijo y el Espíritu Santo. El Padre enviaría a su Hijo al mundo para redimir al hombre; el Espíritu Santo se encargaría de encarnarlo en el vientre de una mujer, la virgen María, y en las vidas de todos los redimidos; Jesucristo tomaría forma de siervo, se haría semejante a los hombres, y moriría la peor de todas las muertes para redimir al pecador, la muerte de cruz (Filipenses 2.6-11).

Todo esto fue realizado antes de hacer Dios la primera criatura. Y, como para Dios no hay pasado, presente ni futuro, Cristo vino a ser así *"el primogénito de toda creación",* es decir, desde entonces fue engendrado, pues este plan precedió necesariamente a todo el resto de la creación.

Este hecho es el que constituye el mensaje de Dios. Esa es la doctrina de Jesucristo, ese es el Evangelio; es el carácter esencial que mueve a la Divinidad a proporcionarle tanto bien a las criaturas rebeldes, es el evangelismo.

IV. El evangelismo, tema de la Biblia

El capítulo octavo nos llevó al estudio de la Biblia, la Palabra de Dios.

Por el solo hecho de ser Palabra de Dios, y de que el carácter fundamental de Dios, con relación a los pecadores, es el evangelismo, ya tenemos que deducir que el tenor sostenido de la Biblia es el evangelismo.

En efecto, no hay parte de la Biblia que no tenga ese carácter. Cuando estudiamos el porqué de la Biblia, llegamos a la conclusión de que, debido a las multiformes circunstancias adversas, y para que el hombre tuviera una guía infalible, Dios se nos ha revelado por medio de la Palabra escrita. Ahí está el afán de Dios por el pecador.

Cuando nos preguntábamos por el propósito de la Biblia, nos contestó Juan:

... éstas han sido escritas para que creáis que Jesús es el Ungido, el Hijo de Dios, y para que creyendo, tengáis vida en su Nombre (Juan 20.31).

Si buscamos el origen de las Escrituras, ellas mismas nos contestan:

... la profecía nunca fue traída por voluntad humana, sino que los hombres hablaron de parte de Dios siendo guiados por el Espíritu Santo (2ª de Pedro 1:21).

Ahí está la preocupación del Santo Paracleto por los perdidos.

También estudiamos que Dios empleó largos siglos, muchos lugares y a muchas personas para escribir su santa Palabra.

En eso también se nota el carácter evangélico, pues la única razón de esta variedad es la de proveer todos los medios posibles, en todos los lugares y a todas las personas para que oigan, comprendan y reciban el Evangelio de la gracia. La Biblia, pues, tiene un carácter evangélico.

Hay dos versículos de la Biblia que resumen todo esto:

Habiendo Dios hablado en el tiempo antiguo muchas veces y de muchas maneras a los padres por los profetas, en estos postreros días nos ha hablado a nosotros por el Hijo, a quien constituyó heredero de todos las cosas, y por el cual hizo el universo (Hebreos 1.1, 2).

V. El evangelismo como incentivo de la vida cristiana

En el capítulo noveno, vimos los medios para el crecimiento espiritual: la lectura de la Palabra de Dios, la oración, el testimonio cristiano y la concurrencia al culto cristiano.

En el décimo estudiamos que el cristiano tiene dos naturalezas, y que el Señor ha establecido que la naturaleza espiritual, el nuevo hombre, debe vencer necesariamente a la naturaleza carnal, o viejo hombre.

En el undécimo, vimos el testimonio vivo que el cristiano debe presentar con su ejemplo.

Pues bien, ¿por qué debemos aprovechar estos medios de crecimiento? ¿Por qué manda el Señor que venza la naturaleza nueva sobre la vieja? ¿Por qué se hace indispensable que el cristiano observe una conducta intachable ante el mundo?

Aquí está el porqué:

... Dios, nuestro Salvador, el cual desea que todos los hombres sean salvos y lleguen al pleno conocimiento de la verdad (1ª a Timoteo 2.3, 4).

Él sabe que el mejor mensaje que hay para el inconverso no es el de las palabras, sino el de los hechos.

Y también sabe que una conducta de hechos que puedan hablar dignamente al pecador, no se logra sino mediante el aprovechamiento de dichos medios de crecimiento espiritual.

Sólo así se logra el triunfo del nuevo hombre sobre el viejo. Sólo así puede el cristiano dar el mejor testimonio al perdido por medio del ejemplo; y ese propósito de beneficiar a los perdidos por medio de la vida privada y pública es parte esencial de la Buena Nueva, es el evangelismo, es el carácter esencial del que ha entrado por la Puerta y de su Redentor.

VI. El evangelismo, carácter fundamental de la Iglesia de Cristo

En el capítulo anterior nos detuvimos a estudiar la Iglesia de Cristo, la sociedad de redimidos.

Descubrimos que los propósitos de la Iglesia son maravillosos: luchar contra las fuerzas del mal, ser cuerpo de Cristo, prepararse para ser la esposa del Cordero.

En cuanto a la lucha, vimos que:

> ...no tenemos lucha contra sangre y carne, sino contra principados, contra potestades, contra los gobernadores del mundo de las tinieblas, contra huestes espirituales de maldad (Efesios 6.12).

Y, si la batalla es espiritual, las armas de nuestra milicia tienen que ser también espirituales. Están descritas y enumeradas en Efesios 6.14-18. Son: la verdad, la justicia, el Evangelio, la fe, la salvación, el Espíritu, la Palabra de Dios, la oración.

Por estas armas que se nos han entregado, tenemos que entender que nuestra lucha es netamente espiritual.

Nuestra lucha no es otra cosa que un Evangelismo agresivo. Recordemos que la Iglesia de Cristo, según lo dijo su Jefe (Mateo 16.18), no debe estar a la defensiva, sino a la ofensiva. Ahí está la promesa divina de que las huestes del mal no aguantarán el ataque.

En cuanto a ser Cuerpo de Cristo, nada más natural que el hecho de que Cristo manifieste su preocupación evangelizadora por medio de los cristianos; y de que sean los cristianos los que sientan las necesidades del mundo y se preocupan por ellas; y que sean, a la vez, los que vayan presurosos a llevar el mensaje compasivo del Redentor al alma necesitada y afligida. Así nos resulta que ser Cuerpo de Cristo equivale a tener un carácter evangelizador.

No quiere decir esto que todos los hijos de Dios tienen que ser grandes predicadores del Evangelio, o pastores famosos, o magníficos vendedores de biblias. Pero sí quiere decir que todo verdadero cristiano siente una gran preocupación por las almas perdidas.

Esta preocupación es tan grande que lo lleva a comunicar personalmente el mensaje de Cristo al prójimo; a colaborar económicamente para el programa evangelizador de la iglesia local; a ofrendar liberalmente para la obra misionera que está en sitios apartados y difíciles; a hacer el esfuerzo de colocar alguna Biblia, o una parte de ella, o algún folleto de evangelización en manos de algún perdido; a manifestar, en resumen, el carácter evangélico, el evangelismo.

Por otra parte, la preparación de la Iglesia para unirse con Cristo tiene que ser de alguna naturaleza que la identifique con su Señor.

Ahora bien, el carácter de su Señor es el evangelismo, así que la naturaleza de la preparación de la Iglesia es de ese mismo carácter. El quiere que la Iglesia se prepare mediante la evangelización del mundo.

Sólo de esa manera puede llegar a la meta que el Señor le ha impuesto: Ella tiene que completar el número de redimidos; llegar, por medio de tribulaciones, al reino de Dios, atravesar valles y desiertos peligrosos en cumplimiento de la misión que le dejó su Señor.

Todas las dificultades que experimenta, así como la esperanza de unirse con el Esposo, purifican a la Iglesia (1ª de Juan 3.3).

Por otro lado, la Iglesia no anhelaría el encuentro con el Esposo, si no se preocupara por prepararse para dicho encuentro.

Verdad, estimado hermano. Si no sientes un afán por las almas perdidas, tal que te haga moverte a la evangelización, quizás sería mejor que te hagas un examen personal para que sepas cómo te encuentras espiritualmente, cómo está tu relación con tu Salvador.

Pídele al que da estos estudios que te consiga, hoy mismo, una Biblia, o el Nuevo Pacto, y unos 25 folletos evangélicos. Promete que no volverás al próximo estudio, sin antes haber tratado de dar el mensaje evangélico, por los menos a una docena de personas.

Entabla la conversación en cada caso en forma espontánea, o sigue los siguientes pasos:

- Dile que tienes un folleto que crees que le será muy útil. Apenas la persona conteste algo, aprovecha la oportunidad de decirle cómo te salvó Cristo.

- Si alguna de esas personas manifiesta estar algo de acuerdo con lo que le dices, ofrécele el Nuevo Pacto (Nuevo Testamento), y señálele el principio de Lucas para que comience a leer. Dile que lea luego Marcos, Juan y Mateo. Luego podrá leer el resto del libro.

- Si la persona manifiesta que ha oído el Evangelio y que le gusta mucho, ofrécele la Biblia, y dale las mismas indicaciones del punto anterior. Después de leer el Nuevo Pacto, debe leer Génesis, los Salmos y, luego, todo el Antiguo Pacto (Testamento).

- No tienes que regalar la Biblia, ni el Nuevo Pacto, si no quieres. Puedes venderlos a precio de costo. Los folletos se obsequian. Si vendes la Biblia o el Nuevo Pacto, corre a la casa del pastor o del maestro de estas clases para que te consigan más.

Tal vez no vendas nada. Eso no es lo importante. Lo esencial es que evangelices, que tenga el carácter evangélico, el evangelismo. Por lo menos entregarás los folletos y harás las invitaciones. A las personas interesadas, invítalas para que asistan a los servicios en la iglesia local a la cual asistes.

En la próxima clase, da testimonio de lo que te sucedió en este trabajo.

Todo esto demuestra que eres verdadero seguidor de Jesús. Entonces, sí debes bautizarte en el nombre del Padre, del Hijo y del Espíritu Santo, los más grandes Misioneros de que tengamos noticia.

Reflexiona

1. ¿Cuál es el carácter esencial de la Puerta?

   _____
   _____
   _____
   _____

2. ¿Por qué razón hubo remedio para el pecado?

   _____
   _____
   _____
   _____
   _____

3. ¿Cuál es el carácter esencial de Dios Padre en relación con el pecador?

   _____
   _____
   _____
   _____
   _____
   _____
   _____

4. ¿Cuál es el carácter esencial de Dios Hijo en relación con el pecador?

___

5. ¿Cuál es el carácter esencial de Dios Espíritu Santo en la misma relación?

___

6. ¿Cuál es el tema fundamental de la Biblia?

___

7. ¿Cuál es el incentivo de la Iglesia?

___

8. ¿Cuál, entonces, debe ser el carácter fundamental de cada cristiano?

　

9. ¿Cuál debe ser el carácter fundamental de la Iglesia de Cristo?

　

10. ¿Aprendiste de memoria Mateo 28.18-20?

　　Sí ☐ No ☐ Explica.

15

A las puertas de la eternidad

"Las cosas que deben suceder pronto".

Porque el Señor mismo con grito de mando, con voz de arcángel, y con trompeta de Dios, descenderá del cielo, y los muertos en Cristo resucitarán primero. Después nosotros, los que vivamos, los que hayamos quedado, seremos arrebatados simultáneamente con ellos en las nubes al encuentro con el Señor en el aire, y así estaremos siempre con el Señor (1ª a los Tesalonicenses 4:16,17).

El estudio de los eventos futuros se llama Escatología. Es tan amplio este estudio que los libros que sirven como texto de Escatología en los seminarios, son hasta de mil y más páginas. Es uno de los temas prominentes de las Sagradas Escrituras.

Para finalizar este estudio, vamos a echar un vistazo muy general a dichos eventos, con la finalidad de obtener una información global, más o menos cronológica, de *"lo que debe suceder en breve"* (Apocalipsis 1.1).

El broche de oro de la historia de la Iglesia es la segunda venida de nuestro Señor Jesucristo. Para los redimidos por su gracia, no hay en lo futuro un evento más grandioso, más fulgurante, más lleno de esperanza y purificador que la segunda venida de nuestro Salvador.

Ahora bien, resulta que este hecho está engranado firmemente con todos los hechos de la historia de la humanidad y de la Redención. De modo que viene a ser como el eslabón principal de la cadena. Al tirar de él, se nos sueltan, por necesidad, todos los demás eslabones.

La segunda venida de Cristo, según las enseñanzas de las Sagradas Escrituras, tendrá dos manifestaciones.

En la primera viene hasta las nubes para atraer, como poderoso imán, a todos sus hijos, vivos o muertos, y llevarlos a vivir para siempre con Él (2ª a los Tesalonicenses 4.15-17).

En la segunda:

... lo verá todo ojo y los que lo traspasaron; y harán lamentación por él todos las tribus de la tierra (Apocalipsis 1.7).

Estos dos eventos capitalizan lo que ha de suceder al fin de la era de la Iglesia.

I. Eventos relacionados con la primera manifestación

En esta manifestación, los eventos se pueden ordenar cronológicamente. Algunos sucederán inmediatamente antes; otros sucederán en el mismo momento de dicha manifestación; y algunos vendrán como consecuencia.

A. Eventos del tiempo que precede a la primera manifestación

1. Aumentarán las guerras y los rumores de guerras, las pestes, las hambres, los terremotos (Mateo 24.6, 7)

Siempre ha habido guerras, pero nunca había habido la amenaza de una destrucción total de la humanidad. Hoy es posible eso. Se debe, precisamente, a que los hombres se están preparando para la guerra final.

La contaminación del aire es una peste que amenaza a la humanidad entera; el crecimiento de la población mundial y la escasez de alimentos ya están causando gran número de muertos en el mundo entero.

Los que han estudiado esta materia nos informan que, si seguimos a ese ritmo, pronto comenzará la gente a morirse por millones debido a la falta de alimentos.

2. La ciencia y los viajes aumentarán.

Esta promesa (Daniel 12.4) parece indicarnos que el día está muy cerca. La ciencia va hoy a marcha tan acelerada que parece que nos lleva a la rastra.

En cuanto a los viajes, cada año las estadísticas son inmensamente mayores. Cada año se hacen planes para armar barcos más grandes, para construir ferrocarriles más veloces, aviones de capacidad fantástica. Eso es señal de que pronto vendrá el Señor.

3. Se levantarán falsos cristos, y algunos que aparentemente son creyentes en Cristo apostatarán de la fe (Mateo 24.4, 5, 10, 24).

Se podría decir que ese día es éste. Las sectas falsas y los evangelios falsos aumentan día tras día. Muchos que parecían fieles cristianos se han apartado de la fe, otros se han resfriado espiritualmente. Ya estaba predicho por el Señor.

4. El pueblo judío sufrirá tribulaciones (Mateo 24.9).

En la medida en que este mísero mundo logre su propio rumbo sin Dios, y que la Iglesia se prepare mejor para recibir al Esposo, es natural que el mundo no cuadre con el Evangelio.

De ahí vienen las persecuciones, el trato despectivo, las discriminaciones, los aborrecimientos y aun hasta los asesinatos de los hijos de Dios.

5. El Evangelio será predicado en todo el mundo (Mateo 24.14).

Dijimos en el capítulo anterior que el carácter fundamental de la Iglesia es el evangelismo. Pues bien, una de las razones de ello es que Dios tiene el plan de que el Evangelio vaya a todo el mundo antes que Cristo venga.

Cada vez que entregas un folleto de evangeli-zación, cada vez que hablas de Cristo con algún inconverso, o invitas a alguno para que oiga el mensaje evangélico, o tomas parte en la Cena del Señor, estás colaborando con este proyecto divino.

6. Puede suceder la muerte del cristiano.

¡Bienaventurados los muertos, los que de aquí en adelante van muriendo en el Señor! (Apocalipsis 14.13).

Todos los verdaderos cristianos, desde Pablo hasta nuestro tiempo, hemos esperado la segunda venida de Cristo. Ocurre que, como para Dios no hay división de días y noches; para Él *"un día es como mil años, y mil años como un día"* (2ª de Pedro 3:8); el "breve" de Dios no es como el de nosotros.

Sin embargo, las señales que hay en la vía nos indican que vamos llegando al fin de la carrera. Si acaso morimos antes que venga el Señor, sacudiremos el polvo de los cementerios y destruiremos las lápidas sepulcrales cuando oigamos la voz del Hijo de Dios (Juan 5.25).

B. Sucesos en el momento de la primera manifestación

1. Primera resurrección

Tan pronto como nuestro bendito Redentor descienda a las nubes, habrá un gran acontecimiento en todos los cementerios del mundo.

Los muertos en Cristo resucitarán. Los que frecuentan los cementerios serán los primeros sorprendidos. Pero no importa, habrá comenzado el tiempo de las grandes sorpresas.

El cuerpo resucitado no estará limitado como el que tenemos ahora. En la Biblia se llama *"cuerpo espiritual"* (1ª a los Corintios 15:44). Será semejante al de Cristo cuando resucitó.

Se siembra cuerpo animal, resucita cuerpo espiritual. Si hay cuerpo animal, hay también espiritual (1ª a los Corintios 15.44).

2. Desaparición conmovedora

En ese mismo momento de la resurrección, habrá una gran sorpresa en todo el mundo de los vivientes. Muchas personas desaparecerán (1ª a los Tesalonicenses 4:17), hombres y mujeres de todas las edades, colores y nacionalidades.

El día siguiente, no cabrán los avisos de los desaparecidos en todas las páginas de los diarios. El vecino notará que sus vecinos se han ido; habrá casos cuando los padres llorarán la desaparición de sus hijos y viceversa; tal vez el esposo lamentará la desaparición de la esposa o al contrario; algunos hermanos se verán sin sus hermanas y algunas hermanas sin hermanos.

Algunos carros, ferrocarriles, aviones y barcos, y algunas fábricas, plantas, maquinarias, se quedarán sin conductor, sin maquinista, sin piloto, sin capitán, sin quien asegure su buena marcha.

Será un suceso muy triste para los pasajeros, para los trabajadores, para los ayudantes, pero así será.

3. *Traslado* (1ª a los Tesalonicenses 4.17)

Reunidos los resucitados con los vivos transformados, todos con cuerpos espirituales, subiremos, con la emoción más grande y satisfactoria que jamás hayamos tenido, *"hacia el encuentro con el Señor en el aire".*

No es nada la vida, ni la muerte, ni lo presente, ni lo por venir, ni lo alto, ni lo bajo, en comparación con aquel momento maravilloso.

Señor, los redimidos por tu sangre
humildes nos rendimos a tus pies.
¡Aleluya! Quedó abajo la carne.
Sé Tú bendito para siempre. Amén.

C. Consecuencias de la primera manifestación

1. *Tribunal de Cristo* (1ª a los Corintios 3.11-15; 2ª a los Corintios 5.10)

Dios tiene arreglado un sistema de recompensas en el cielo. Todos sus hijos tendrán que comparecer ante el Tribunal de Cristo para recibir la recompensa según haya sido su obra.

Recordemos que este tribunal no será para condenarnos (Romanos 8.1), pues ya somos salvos por la fe en Cristo. Será para distribuir galardones.

Francamente, ni siquiera podemos imaginarnos cómo sean estos premios, pues nadie va a estar triste en el cielo; el gozo de la salvación será suficiente; pero Dios ha prometido galardones.

Se mencionan, por ejemplo, la corona de la vida (Apocalipsis 2.10), la corona de justicia (2ª a Timoteo 4.8), la corona incorruptible de gloria (1ª de Pedro 5.4).

Cualquier premio que recibamos lo pondremos a los pies de nuestro bendito Señor, y todos seremos iguales en la mansión celetial.

2. Bodas del Cordero **(Apocalipsis 19.7-9)**

Allá en el cielo, la Iglesia se unirá con Cristo, y estaremos juntos para siempre jamás (1ª a los Tesalonicenses 4.17).

El significado de esta alegoría es el de la unión de la Iglesia con su Redentor, la comunión perfecta con Él, el premio que ella merece por su sacrificio. Dicho de otra manera, la salvación perfecta.

3. Gran Tribulación **(Mateo 24.21)**

Mientras en el cielo hay bodas y recompensas, aquí en la tierra la situación será muy distinta.

Comenzando con el gran número de muertos de los accidentes de carros, ferrocarriles, barcos, aviones, y de las fábricas que queden sin guía, la tribulación irá aumentando. Aumentarán los odios, las venganzas, los asesinatos, los robos, la inmoralidad sexual.

La Iglesia era la sal de la tierra (Mateo 5.13). Al desaparecer ésta, el mundo se corromperá totalmente.

4. *El anticristo* (1ª de Juan 2.18)

Este engendro de Satanás, realmente nacerá antes que la Iglesia sea trasladada. Estaremos en el mundo cuando comience su obra; pero la Iglesia será llevada antes que él se manifieste abiertamente.

Él será el amo del mundo durante los siete años de gran tribulación. En la primera parte de este período, tratará de hacerse popular; en la segunda parte se proclamará dios y se levantará contra todo, y dominará todo (Daniel 8.23-25).

Tengamos todo arreglado para irnos antes que se manifieste este inicuo (2ª a los Tesalonicenses 2.3-10). (Lee toda esta porción).

5. *Armagedón* (Apocalipsis 16.12-16)

Este nombre es el de un valle de Israel que también se llama valle de Josafat. Al fin de los siete años de Gran Tribulación, se levantará una gran potencia mundial que peleará contra el anticristo y sus huestes en Armagedón.

No ha habido guerra como esa, ni habrá otra. Será la última guerra mundial. Cuando, al fin de la guerra, los hombres digan: *"¡Paz y seguridad!, entonces se les presenta destrucción repentina"* (1ª a los Tesalonicenses 5.3).

Apocalipsis nos explica que esto significa que el armisticio final se hace para guerrear todos unidos contra uno que viene de arriba, nuestro Señor Jesucristo (19.19).

II. Sucesos relacionados con la segunda manifestación

1. Derrota de los enemigos (Apocalipsis 19.11-21)

El que trae la destrucción repentina en Armagedón es nuestro Señor Jesucristo, que se manifiesta visible ante todo ojo y pone su pie en el monte de las Olivas (Apocalipsis 1.7; Isaías 2.3, 4).

2. Condenación de los jefes gobernantes de la gran tribulación

Estos se llaman la bestia que es el anticristo, y el falso profeta. Su destino es un lago de fuego ardiendo (Apocalipsis 19.20).

3. Juicio contra las naciones

Para el reino milenario del Señor sobre la tierra, es indispensable hacer un juicio a las naciones. La sentencia se dará según el trato que las naciones del mundo le hayan dado al pueblo judío. Una idea de este juicio lo encontramos en Mateo 25.31-46.

4. Milenio

Esta palabra significa mil años. Cristo va a establecer un reino milenario aquí en la tierra. Será un gobierno perfecto.

No habrá más allí niños malogrados, ni anciano que no cumpla sus días (Isaías 65.20).

Algunos que hayan muerto por el testimonio de Cristo durante la Gran Tribulación, vivirán, y reinarán con Cristo (Apocalipsis 20.4). Aparentemente este pasaje se refiere a muchos judíos que sólo van a aceptar a Cristo como su Mesías, cuando vean que desciende y trae destrucción repentina sobre sus enemigos.

Algunos teólogos cristianos opinan que la Iglesia también viene a reinar con Cristo; otros creen que el pueblo judío será el que va a reinar con Él. Estas dos posiciones no constituyen herejía alguna, y pueden reconciliarse así: la Esposa del Rey, que es la Reina, estará en el palacio real, la nueva Jerusalén, reinando en un sentido con Él; los funcionarios del gobierno bien pueden ser los judíos, a quienes se ha prometido el Reino.

Para entender mejor esto, es conveniente leer Lucas 19.11-18.

5. Prisión milenaria para Satanás (Apocalipsis 20.1-3)

El gobierno que todos los hombres han deseado en todas las partes de la tierra, la utopía, el paraíso encantado, no lo han podido lograr ni lo lograrán jamás. Es imposible, por cuanto Satanás es el príncipe de este mundo.

Pero el Señor Jesucristo tiene agentes capaces de atarlo y ponerlo en prisión durante todo ese tiempo. Entonces sí puede haber el gobierno ideal. Allí les va a decir Dios a los hombres cómo se puede gobernar. El milenio será, pues, una teocracia.

6. Segunda resurrección (Apocalipsis 20.12, 13)

Resulta que al fin del milenio, Dios permitirá que Satanás quede en libertad por poco tiempo (Apocalipsis 20.7-9).

Así serán desenmascarados todos los que entraron al milenio por pura gracia, pero que nunca pusieron su fe en el Señor Jesucristo. Entonces desciende fuego del cielo que los consume (Apocalipsis 20.9).

Estos, y todos los muertos que no tomaron parte en la primera resurrección, que es la de los cristianos, resucitarán, pero no para ir con el Señor, sino para presentarse a juicio ante Él.

7. Gran Trono Blanco (juicio final)

El juicio final comienza realmente contra Satanás. Le toca el lago de fuego y azufre por los siglos de los siglos. Su destino es, pues, el mismo del anticristo y del falso profeta (Apocalipsis 20.10).

Luego viene el juicio de todos los impíos. Los muertos serán juzgados *"por las cosas que han sido escritas... según sus obras"* (Apocalipsis 20.12). Ni el mar, ni el Hades, ni la muerte retendrán los muertos. Todos se levantarán para oír la sentencia:

Y si alguno no fue hallado inscrito en el libro de la vida, fue lanzado al lago de fuego (Apocalipsis 20.15).

Tú eres testigo de que Dios los llamó muchas veces, de que el llamamiento de la Puerta era para todos, de que ellos rechazaron la gracia de Dios, y de que no quisieron obedecer al Evangelio de nuestro Señor Jesucristo. Ahora *"pagarán la pena de eterna perdición, excluidos de la presencia del Señor"* (2ª a los Tesalonicenses 1.8-10).

8. Cielo Nuevo y Tierra Nueva (Apocalipsis 21.1-22:5)

Después del juicio al anticristo, al falso profeta y a los impíos, comienza la eternidad. Los perdidos estarán en el lago de fuego; los salvos, en la santa ciudad, la nueva Jerusalén. Éste era el destino de toda la raza humana, pero muchos lo rechazaron.

En cambio, el lago de fuego fue *"preparado para el diablo y para sus ángeles"* (Mateo 25.41), pero muchos seres humanos irán allá porque así lo han preferido.

El que venza heredará estas cosas, y le seré por Dios, y él me será por hijo.

Pero los cobardes e incrédulos, y abominables y homicidas, y fornicarios y hechiceros, e idólatras y todos los mentirosos, tendrán su parte en el lago que arde con fuego y azufre, que es la muerte segunda (Apocalipsis 21.7, 8).

Reflexiona

1. ¿Cuál es el evento más fulgurante que espera la Iglesia?

   _____
   _____
   _____
   _____
   _____

2. ¿Cuántas manifestaciones tendrá ese evento?

   _____
   _____
   _____
   _____
   _____

3. ¿Cuáles sucesos habrá antes de la primera manifestación?

   _____
   _____
   _____
   _____
   _____
   _____
   _____

4. ¿Qué sucederá en el momento de la primera manifestación?
   _____
   _____
   _____
   _____

5. ¿Cuáles son las consecuencias de esa manifestación?
   _____
   _____
   _____
   _____

6. ¿Qué es la Gran Tribulación?
   _____
   _____
   _____
   _____

7. ¿Quién gobernará al mundo durante la Gran Tribulación?
   _____
   _____

8. ¿Quién es el anticristo?
   _____
   _____
   _____

9. ¿Te gustaría estar bajo ese gobierno?

   Sí ☐ No ☐ Explica.

   _____
   _____
   _____
   _____

10. ¿Cuál es el destino del diablo, del anticristo y del falso profeta?

    _____
    _____
    _____

11. ¿Cuál debía ser el destino de toda la raza humana?

    _____
    _____
    _____
    _____

12. ¿Por qué van muchos al lago de fuego?

    _____
    _____
    _____
    _____

13. ¿Estás esperando al Señor?

    Sí ☐ No ☐ Explica.

    _____
    _____
    _____
    _____

www.ingramcontent.com/pod-product-compliance
Lightning Source LLC
Chambersburg PA
CBHW072159070526
44585CB00015B/1220